Idea

Outline

Enjoy creativity...

"十四五"职业教育国家规划教材

"新商科"电子商务高等职业教育系列教材

浙江省普通高校"十三五"新形态教材

微课版

网店美工

主　编◎童海君　　徐　匡

主　审◎胡华江

副主编◎胡莉萍　　李凌宇　　聂军委
　　　　张正勇　　张思思

电子工业出版社

Publishing House of Electronics Industry

北京·BEIJING

内容简介

如何让您的网店在互联网上脱颖而出？基于用户需求的网店装修和图片设计至关重要。本书采用理论与案例相结合的方式，详细介绍了PC端与无线端网店美工的设计思路和具体实现方法。

《网店美工》分为上下两篇，上篇为基础篇，下篇为实务篇，共7个项目章节。内容包括：走进视觉营销与美工设计；精通美工常用Photoshop技能；巧用光影魔术手与图片空间；网店常用图片设计制作；主图与主图视频设计制作；PC端与移动端详情页设计制作；无线（移动）端网店页面装修等。

本书层次分明、重点突出、步骤清晰、通俗易懂，不仅包含了大量网店实际商品的案例图片，而且通过"同步阅读""同步实训""同步测试""同步二维码"等环节对网店美工岗位要学习的内容进行了详细的说明，让读者可以更好、更快、更深入的掌握网店的装修和图文设计。

本书不仅适合网店/微店店主、电商美工、设计人员等电商从业者学习参考，也可作为职业院校相关专业及电商培训机构的学习教材。

图书在版编目（CIP）数据

网店美工 / 童海君，徐匡主编 . —北京：电子工业出版社，2018.3
ISBN 978-7-121-32716-2

Ⅰ . ①网… Ⅱ . ①童… ②徐… Ⅲ . ①网店－设计－高等学校－教材 Ⅳ . ① F713.361.2

中国版本图书馆 CIP 数据核字（2017）第 230645 号

策划编辑：张云怡
责任编辑：张云怡　　特约编辑：尹杰康
印　　刷：天津画中画印刷有限公司
装　　订：天津画中画印刷有限公司
出版发行：电子工业出版社
　　　　　北京市海淀区万寿路 173 信箱　邮编：100036
开　　本：787×1092　1/16　印张：13.75　字数：352 千字
版　　次：2018 年 3 月第 1 版
印　　次：2025 年 7 月第 17 次印刷
定　　价：57.00 元

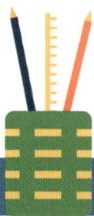

序 言

2017 年 5 月 19—20 日，全国电子商务职业教育教学指导委员会在常州召开高等职业教育电子商务类专业教学改革研讨会。来自全国高职院校的近 400 位院校负责人和专业负责人参加会议。为在经济全球化的时代背景下，适应商业、技术和人文愈发深层次融合的新商业时代特征需求，会议提出了高职"新商科"人才培养的理念和倡议。

"新商科"人才培养理念体现新的商业思维。商业、技术和人文愈发深层次融合的新商业时代，商业人才需要逐步构建起"计算思维"、"数据思维"、"交互思维"、"哲学思维"、"伦理思维"和"美学思维"，这些思维的交叉融合是商业创新的动力源泉。

"新商科"人才培养理念探索新的商业规律。新的基础设施、新的商业模式、新的商业组织、新的价值观正在悄然地以"非中心化"的模式构建起新的社会生活，也产生了新的商业规律，比如信用成为资产、数据成为生产资料等。这些新的规律逐渐形成并产生广泛而深刻的创新。

"新商科"人才培养理念融合新的知识与技能。经济学、管理学、传播学、计算机科学技术、智能科学、数据科学等在新商业中的交叉融合应用，以及新的劳动工具使用所产生的新的技术技能积累。需要我们对财经商贸专业大类中绝大多数专业内涵与外延进行再思考。

"新商科"人才培养理念推动新的教育教学模式。基于新商业特征的新商科人才培养，要实事求是地调整人才培养结构，重构专业内涵与外延，反思培养规律与培养方法，创新培养内容与培养载体。探索跨专业的专业群建设模式和教学研究方法。

"新商科"人才培养理念提出后，得到了各界的积极响应。2017 年 9 月 11—12 日，在全国电子商务职业教育教学指导委员会的倡议下，来自联合国教科文组织等 22 个国际组织和国家的负责人在广西共同发起成立"新商科国际职教联盟"。中国商业经济学会职业教育分会设立了 32 项新商科应用人才培养专项研究课题。电子工业出版社率先组织编写了这套融入新商科人才培养理念的系列教材。

"新商科"教育是新商业时代的客观需要和必然趋势。高等职业教育要把握时代机遇，主动拥抱新商业时代！

陆春阳

全国电子商务职业教育教学指导委员会副主任

"新商科"电子商务系列规划教材编委会名单

主　任：沈凤池

总主编：胡华江

副主任：（按拼音顺序）

陈　明

嵇美华

李玉清

商　玮

谈黎虹

杨泳波

本书是 2018 年浙江省社科联社科普及课题成果（18ZC13）。

在当下这个电商高速发展的时代，网购已经成为众多消费者的生活方式。在网购买家数量增长的同时，消费者对于网络购物的用户体验要求也越来越高，可选择的面也越来越大，再加上传统企业批量进驻各电商平台，迅速抢占顾客资源和市场份额，电商卖家之间的竞争也更加激烈。这就要求卖家更加重视网店美工设计，提升网店视觉营销设计效果，从而吸引更多消费者进入店铺，增加店铺的转化率和成交率。网店美工是电子商务专业的一门核心课程，也是众多网店经营者的必修课。

如何抓住消费者眼球？

如何点燃消费者购买欲？

如何引爆单品流量？

本书采用理论与案例相结合的方式，将为您详细解析 PC 端与移动端网店美工设计思路及具体的实现方法。

本书分为上下两篇，上篇为基础篇，下篇为实务篇，共 7 个项目。内容包括：走进视觉营销与美工设计；精通美工常用 Photoshop 技能；巧用光影魔术手与图片空间；网店常用图片设计制作；主图与主图视频设计制作；PC 端与移动端详情页设计制作；无线（移动）端网店页面装修。

本书主要特色如下：

1. 案例主导、学以致用。本书收集了涵盖店招、海报图、直通车图、钻展图、聚划算图、主图、首页、详情页等所有对学习网店美工设计有帮助的设计案例，并站在视觉营销和心理学的角度给出了详细的设计思路和操作步骤。并且通过"同步阅读"、"同步实训"、"同步测试"等环节对知识进行了详细的说明，让读者可以更好、更快、更深入的掌握网店装修和图文设计。

2. 重在实操、同步微课。本书注重设计知识和案例制作技巧的归纳总结，在知识点和实操案例的讲解过程中穿插了软件操作和近百个配套微课视频，使读者可以更好地对所讲知识进行书面和视频的双重学习和消化。

前言

3.全彩印刷、资源丰富。为了让读者更直观地观察美工设计效果，本书特意采用全彩印刷，版式精美，让读者在赏心悦目的阅读体验中快速掌握网店美工设计的各种技能。教材配有PPT教案、案例素材、实训等配套学习资源。

本书是校企合作共同开发教材，由浙江横店影视职业学院、金华职业技术学院、台州职业技术学院、宁波城市职业技术学院与台州道有道网络科技有限公司、山东聚智慧创业服务有限公司合作开发。浙江广厦建设职业技术学院信阳职业技术学院、襄阳职业技术学院、东阳职教中心、义乌市城镇职业技术学校等院校教师共同参与策划编写，并受浙江省社科联社科普及课题项目资助。

本书由童海君、徐匡任主编，胡华江教授任主审，由张正勇、聂军委、胡莉萍、李凌宇、张思思任副主编；参与策划编写及微课视频制作的还有蔡颖、姚广灿、李海静、张学军、李乐然、张帆、张作为、郑海燕、胡金娟、刘莉萍、赵菲菲、朱海燕、孙昱、陈逸霄、王玉红、葛大庆等多位企业及院校教师；童老师助理团队孙子旸、严美梅、李素妃负责图文校对和素材整理等工作；台州市道有道网络科技有限公司总经理徐军健和义乌亚润企业管理咨询有限公司总经理叶鑫豪对本书的编写思路和框架提出了宝贵意见，在此向他们表示最诚挚的感谢！

本书不仅适合网店/微店店主、电商美工、设计人员等电商从业者学习参考，更可作为职业院校电子商务相关专业及电商培训机构的学习教材。

尽管我们在编写过程中力求准确、完善，但书中难免存在疏漏与不足之处，恳请广大读者批评指正。

编 者
2018 年 2 月

目 录

目 录

目　录

目 录

上篇

基础篇

项目1 走进视觉营销与美工设计

项目导图

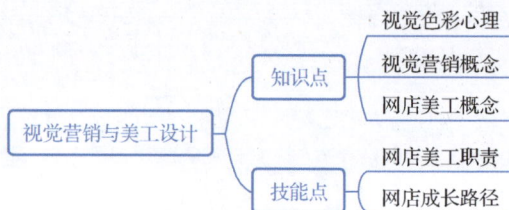

引例

　　裂帛作为网店品牌，以出色的产品及高质感的视觉营销在年轻群体中迅速站稳了脚跟。它的风格无拘无束，有着狂喜、神秘、流浪、异域的意态气场。那么，裂帛究竟是通过怎样的方式向消费者展示自己的产品的呢？

　　不能试穿，不能触摸，只能通过图片来感知。一张优秀的图片本身就是电商优质服务的一部分，是电商与客户打交道最基本的传递方式。或许有很多朋友在卖货与做品牌两个方向的选择上纠结着，其实这两个方向是可以相互促进的。只要你细心留意就会发现，一些优秀的淘品牌店铺，他们都有自己非常完善的品牌故事页面，而这也是做品牌最容易让客户了解的方法。

　　裂帛的店铺视觉，从色彩定位、版面布局、品牌故事页面梳理、描述页面策划等，都追求精益求精；视觉形象分明，冲击力强；使人印象深刻。

　　裂帛的产品以民族风格＋流行设计元素为主，产品以棉、麻、丝、毛等高质感面料为原料。产品图片大胆的色彩搭配以及深刻的视觉冲击让人耳目一新——让人从看到产品图片的那一刻起，就能明白设计要表达的灵魂理念，从而印象深刻。

　　（资料来源：http://info.hhczy.com/article/20140507/21074.shtml）

引例分析

　　通过上面的案例可以看出，裂帛作为快时尚网络品牌之所以能够成功，原因就是抓住了视觉营销这一概念。店铺的视觉，结合了品牌的特色，两者相统一，给人们带来不一样的视觉印象，表达给消费者的是品牌风格、品牌故事。消费者愿意为故事而买单，达到情感营销的效果。另外还能起到圈粉的效果，增加店铺的关注度。

任务1 视觉色彩心理

　　打开网店页面后，首先看到的是店铺色彩带来的视觉感受。合理的色彩搭配会对人产生心理影响，甚至在不知不觉中左右、影响人们的情绪。不同颜色传递给人的情绪是不同的，红橙黄三种色彩明亮且充满活力，蓝绿两种色彩则让人舒心惬意。网店装修设计中的色彩搭配至关重要，色彩运用合理度可以直接影响买家对店铺的好感程度及店铺的转化率。

1.1.1　色彩分类与属性

1. 色彩分类

色彩分为两种，一种是无彩色，另一种是有彩色，如图 1-1 所示。

视觉色彩心理

色彩的分类

1. 色相
2. 饱和度
3. 明度

彩色系

无彩色系

1. 颜色只有一种基本性质——明度
2. 无色相和饱和度，理论上值等于0

无色彩系是白色、黑色及由白色和黑色调合形成的各种深浅不同的灰色

图 1-1　色彩的分类

无彩色是指除了彩色以外的颜色，常见的颜色有黑色、白色和灰色。相对于有彩色而言，它们没有明显的色相偏向，任何一种颜色都能和彩色系进行调和配合。比如两种有彩色的颜色发生冲突时，可以采用无彩色来调和色彩之间的衔接问题，以达到调和效果。在无彩色中，黑色给人庄重感。如果出席重要场合相信多数人在服装颜色选择上都会选择黑色调以示庄重。白色给人以轻快、透气和清爽的感觉。灰色给人柔和多变、温和的感觉。在色彩搭配中，灰色色调从浅灰到深灰，能够增加画面的层次感。无彩色视觉海报图如图 1-2 所示。

图 1-2　无彩色视觉海报

有彩色就是除了黑色、白色和灰色以外的颜色，它的基本色包括红、橙、黄、绿、蓝、紫。该色系的颜色具有三个基本特性：色相、饱和度、明度。相对于有彩色系而言，

不同的基本色之间以不同比例混合，再加上无彩色系之间不同比例的混合，可以产生成千上万种有彩色。

有彩色在现实生活中的运用非常广泛，不管是在平面广告上还是在网络页面上，有彩色的搭配能够对视觉造成更强的冲击力，若宣传商品还能突出商品的性质和特点。有彩色（红色）视觉海报图如图1-3所示。

图1-3　有彩色（红色）视觉海报

2. 色彩属性

色彩构成有三个基本要素——色相、饱和度和明度。人们平时看到的任何一种颜色都是由这三种要素组合而成的。色彩属性如图1-4所示。

色相（Hue）
色彩的相貌

饱和度（Saturation）
色彩的鲜艳程度，也称色彩的纯度或彩度

明度（Lum）
颜色的亮度，越亮越接近白色，越暗越接近黑色

图1-4　色彩属性

（1）色相

色相，顾名思义即色彩的相貌。它是由原色、间色和复色构成的。自然界中各种色彩的色相是非常丰富的，比如紫红、蓝绿、橙黄等，它们代表着不同的色相。

原色由红黄蓝三原色组成。间色是两个原色混合后得到的颜色，比如红＋黄＝橙、黄＋蓝＝绿、蓝＋红＝紫。复色是一种间色和另一种原色混合后得到的颜色，比如黄＋橙＝黄橙、红＋橙＝红橙、红＋紫＝红紫、蓝＋紫＝蓝紫、蓝＋绿＝蓝绿、黄＋绿＝黄绿，如图1-5所示。

图 1-5 色环

（2）饱和度

饱和度指色彩的纯洁性，也就是色彩的鲜艳程度。纯度越高，画面表现越鲜明；纯度越低，画面表现越暗淡，如柠檬黄就比土黄更黄，这就是说柠檬黄的色度要高。

饱和度是针对有彩色系而言的，对于无彩色系是没有饱和度的。如图 1-6 所示为饱合度对比。

（3）明度

明度即色彩本身的明暗程度。明度越高，颜色越亮。明度不同，色相之间也会不同。如原色当中，黄色明度是最高的，接下来的颜色亮度逐渐变暗，黄色比橙色亮、红橙色比红色亮、红色比紫色亮、紫色比黑色亮。还有就是在单色中，加白色后明度就会逐渐变亮，加黑色后明度就会逐渐变暗，如图 1-7 所示。

图 1-6 饱和度对比

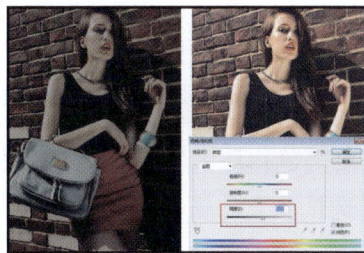

图 1-7 明度对比图

3. 色彩的感觉与象征

色彩作为一种客观存在，可以表现丰富的情感效应，这就是色彩的感觉与象征。

（1）色彩的冷暖感

有些色彩会让人觉得温暖，如红、橙、黄色等，有些色彩则会让人觉得冰冷，如白、蓝、青色等。绿、紫色是中性色，而无彩色系中的黑色代表冷，白色代表暖。色彩冷暖如

图 1-8 所示。

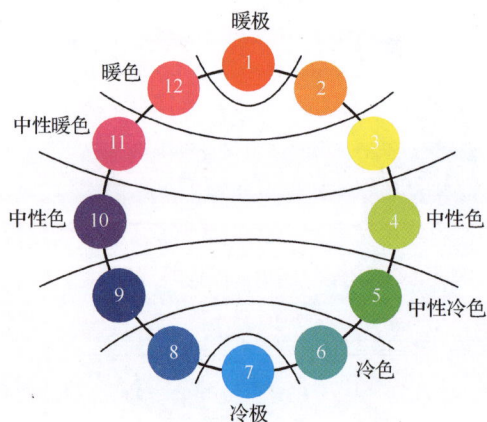

图 1-8　色彩的冷暖

（2）色彩的轻重感

色彩的重量感主要取决于色彩的明度，高明度的色彩给人以轻飘感，而低明度的色彩则给人以厚重感。在设计时要处理好构图以达到平衡和稳定的需要。

（3）色彩的空间感

色彩的空间感来源于各种色彩对比，如明暗对比、轻重对比等。

除此以外，色彩还给人诸多其他的心理感受。如红黄等暖色，鲜艳而明亮的色彩给人以华丽感、兴奋感、进取感；而青蓝等冷色，浑浊而灰暗的色彩给人以朴素感、沉静感、退缩感。

1.1.2　色彩搭配与网店

进行网店店铺装修前，首先要学会如何进行色彩搭配，然后再根据网店的行业特征来确定店铺的主色调。下面为大家介绍三种色彩搭配在网店页面设计中的运用技巧。

1. 同类系搭配——简洁清爽

同类色是色相环中 15° 夹角内的颜色。在做网店页面设计的时候，要根据店铺的特征来选择颜色的搭配。需要注意的是，应避免使用过多的色彩，以免让人眼花缭乱，感觉店铺档次不高。另外，也并不是颜色越单一越好，以免给人单调的感觉，所以可以运用同类色来进行颜色搭配。同类色划分色环如图 1-9 所示。

对于店铺装修，如果很难决定使用哪种颜色，可以先选择一种颜色，再运用同类色使整体色彩产生变化。这样设计出来的页面，整体看起来会更加简洁、清爽。同类色网店页面示例如图 1-10 所示。

色彩在网店中的运用

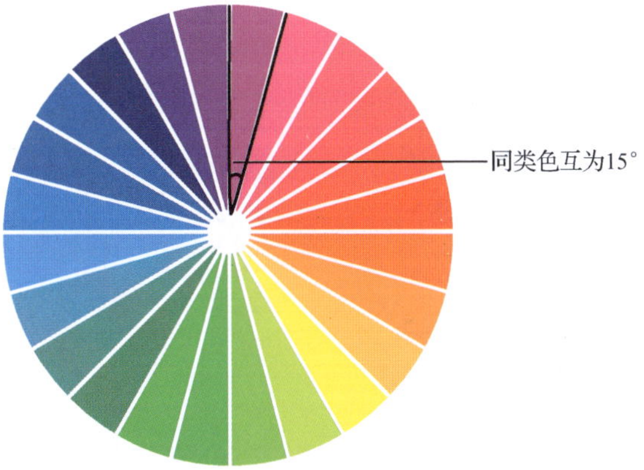

图 1-9　同类色划分色环

图 1-10　同类色网店页面

2. 邻近色搭配——舒适自然

邻近色是色相环中 90° 夹角内的颜色。例如蓝色与黄绿色：蓝色以蓝为主，里面有少量绿色；黄绿色以绿为主，里面有少量蓝色。这组颜色虽然在色相上有很大差别，但是在视觉上却是很接近的。邻近色一般有两个范围，即冷色范围和暖色范围，如绿蓝紫的邻近色一般都在冷色范围内，而红黄橙的邻近色一般都在暖色范围内。邻近色划分色环如图 1-11 所示。

对于店铺装修，运用邻近色进行色彩搭配，使得画面整体感轻松、自然、舒适，特别是对店铺广告商品的推广起着很大的作用。邻近色海报图如图 1-12 所示。

图 1-11　邻近色划分色环

同类色互为90°

图 1-12　邻近色海报图

3. 互补色搭配——层次鲜明

互补色是色相环中 180° 夹角内的颜色。红色与绿色互补，蓝色与橙色互补，紫色与黄色互补。色彩中的互补色，如果相互调和会使纯度变低，最后变成灰色。互补色划分色环如图 1-13 所示。

互补色互为180°

图 1-13　互补色划分色环

对于店铺装修，合理运用互补色进行搭配，能使画面感整体主次分明。例如，在设计中当一种色彩比另一种色彩占用面积大的时候，不仅增强了互补性，而且整个页面看起来更加立体完整。互补色海报图如图 1-14 所示。

色彩搭配技巧

图 1-14 互补色海报

✔ 任务 2 视觉营销

随着电子商务的快速发展，网店也越来越多，各类商品琳琅满目，顾客的选择余地大大增加。与此同时，给商家带来的压力也越来越大。如何运营网店？如何进行产品推广？如何吸引顾客的注意力？这些都是商家需要考虑的问题。视觉营销的重要性，在此刻得到了较好的体现。做好视觉营销，不但能得到顾客对网站的关注，还能引导顾客进行消费，从而在顾客心目中树立良好的品牌形象。

1.2.1 视觉营销的目的与原则

1. 视觉营销的定义

视觉营销（Visual Marketing）是指利用色彩、图像、文字等媒体因素，造成视觉冲击力以吸引潜在的顾客的关注，由此增加产品、品牌及店铺的吸引力，从而达到销售的目的。视觉营销是市场营销层面上一部分销售

视觉营销的目的与原则

技术的总和，这部分销售技术可以促使商家向（潜在的）消费者在最好的条件下展示自己用于销售的产品和服务（包括物质和精神两方面）。它存在的目的是最大限度地促进产品（或服务）与消费者之间的联系，最终实现销售（购买），同时提升视觉冲击。视觉营销是影响品牌文化的手段之一。

视觉是手段，营销是目的。网店美工所做的视觉图文设计都是围绕着营销产生的，围绕着最终成交的目的而做。视觉与营销的关系如图 1-15 所示。

2. 视觉营销的目的

视觉营销的目的就是促进产品与消费者之间的联系，最终实现销售和购买，同时提升品牌价值文化。在互联网电子商务时代，视觉营销的作用首先是引起潜在消费者关注，一般情况下，吸引了多少眼球，就会有多少潜在消费者，换言之就会增加多少流量，就有多少转换率。其次，要引起买家的兴趣和购买欲，只有激发买家的购买欲，做事才能事半功倍。最后，传达店铺信息，塑造店铺形象。视觉营销示意图如图1-16所示。

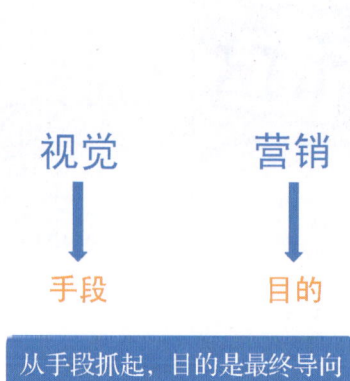

视觉营销的目的

促进联系 ➡ 实现销售 ➡ 品牌提升

视觉营销的作用

引起潜在消费者关注

引起买家的兴趣和购买欲

传达店铺信息，塑造店铺形象

视觉 营销

手段 目的

从手段抓起，目的是最终导向

图1-15 视觉与营销的关系　　　　图1-16 视觉营销示意图

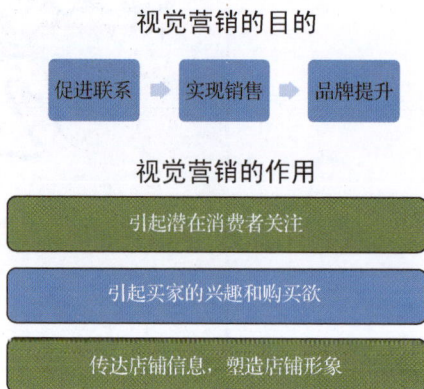

3. 视觉营销的原则

视觉营销的作用决定了网店视觉营销的策划和实施需要遵循一定的原则。应当在吸引别人眼球的同时塑造自己网店的形象，让顾客记住网店，这样能够使商家的有效流量再次转变为忠实流量。视觉营销要遵循目的性、审美性、实用性三个原则。

原则一：目的性

网店是虚拟的店铺，因此，视觉上的冲击是整个环节中最重要的部分。

（1）做好商品主图以抓住消费者眼球。

（2）合理规划页面架构，做到主次分明、重点突出，建立良好的第一印象。

（3）做好店招，利用好广告性质让买家记住，刺激买家的眼球，并记住店铺。

（4）分析目标客户群的需求，并在商品详情页面中针对产品属性和特色，用最明确的图片表达出来，让人一眼就能看出效果并产生购买欲望。

原则二：审美性

始终要注重视觉感受，要想使消费者进店并下单购买，精美的店铺装修是第一步，如果缺少这一步，店铺就成了没人光顾的店铺，流量、转化率等更无法实现。

（1）网店在装修设计中要充分运用视觉引导、"黄金分割"、色彩搭配等平面设计理论。

（2）一定要在定期的活动中更换精美的店铺布置，给顾客的每次光顾都留下美好印象。这样更容易形成一种购买的良性循环。

原则三：实用性

（1）要注意视觉应用的统一，不要把店铺装修得五花八门。

（2）巧妙利用文字或者图片说明，让顾客很容易就能熟悉店铺的操作功能，了解产品结构图，方便消费者快速找到商品、下单，并易于获得帮助。

1.2.2 视觉营销的流程整合

1. 视觉营销流程步骤

视觉营销的运作是一项经验性和操作性都很强的技术。不论是店铺设计、商品陈列、广告设计、橱窗设计，还是网站设计等视觉营销活动，都需要经过一系列环节和一定的程序才能完成。一个完整的视觉营销流程包含 4 个步骤，如图 1-17 所示。

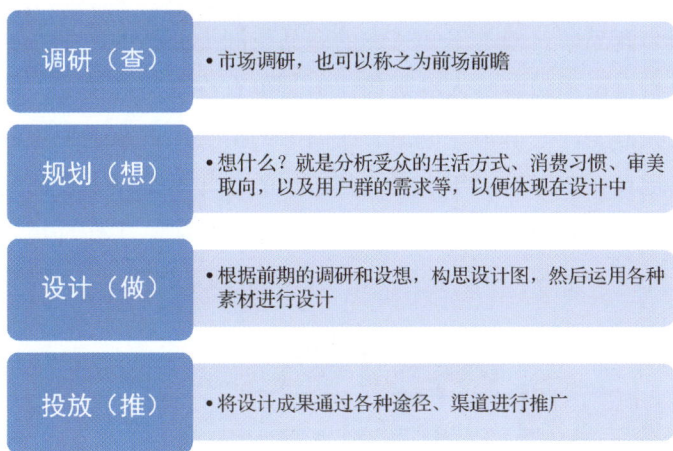

调研（查）	• 市场调研，也可以称之为前场前瞻
规划（想）	• 想什么？就是分析受众的生活方式、消费习惯、审美取向，以及用户群的需求等，以便体现在设计中
设计（做）	• 根据前期的调研和设想，构思设计图，然后运用各种素材进行设计
投放（推）	• 将设计成果通过各种途径、渠道进行推广

图 1-17 视觉营销流程

由图 1-17 可以看出，设计制作是整个流程中的第三步，也是网店美工的主要工作。那么，应该如何做呢？首先，需要根据前期的工作，构思设计图，即进行版式设计；然后，运用已收集的素材，包括图片、文字、动画、配色等素材进行综合设计。在设计过程中，如果已有素材不合适，也可以用相关软件进行制作。这一步是视觉营销策略构思的具体反映和整体设计效果的直观表现，由此可以把握和评价设计的最终效果。在具体实施过程中，可以从"客"、"商"两个层面来分析并实施构思图，如图 1-18 所示。

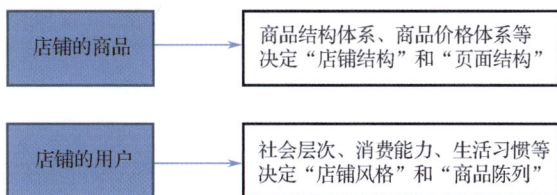

| 店铺的商品 | → | 商品结构体系、商品价格体系等决定"店铺结构"和"页面结构" |
| 店铺的用户 | → | 社会层次、消费能力、生活习惯等决定"店铺风格"和"商品陈列" |

图 1-18 店铺的商品和用户层面

在具体进行设计制作时，可以遵循如图 1-19 所示的步骤，一步一步完成。

图 1-19　设计制作的操作步骤

视觉营销的四步，是一环连着一环的，进行前一步，是为了后一步；完成了前一步，紧接着要进行第二步；依次类推，切不可将它们分裂割离。

2. 根据目标客户群体的需求进行视觉营销

客户思维是美工人员必须学会的，只有懂客户心智、懂营销、懂设计的复合型美工才能设计出高转化的图片。实体店和网店相比最大的区别在于，实体店是由导购员向顾客介绍商品，顺带还可以推荐其他相关商品。而网店却不会有客服弹出来主动介绍商品，一般来讲，吸引顾客的是界面的视觉感和商品的特性，否则对于客户来说，在眼花缭乱的众多商品中，根本不知道你的商品与同类商品的区别在哪里？所以关键点就在于需要分析自己消费者的人群画像，但是也有许多特殊情况，例如有些商品的消费人群跟适用人群是同一群体，但是有些商品的消费人群跟适用人群并不是同一群体。例如，儿童玩具，一定是成年人买给孩子玩的，却不是孩子自己购买。除了分析消费人群年龄段外，还要考虑消费人群的收入水平、性别、工作环境、社交圈、文化程度、所处人生阶段、性格、审美观等。消费者人群因素如图 1-20 所示。

图 1-20　消费者人群因素

任务 3　网店美工认知

互联网改变了世界，也改变了人们的生活。电子商务的发展，为人们提供了新的机会。众多的电商平台，如淘宝、天猫、1 号店、京东、苏宁、当当等上百万家网店，需要众多的工作人员。而网店经营，需要装修、视觉营销、美工、视觉设计，因此有许多就业机会。

网店美工岗位分析

1.3.1　网店美工简介

网店美工是淘宝、天猫、京东、亚马逊、微店等电商平台网店页面编辑美化、视觉设计的工作人员。美工的工作包括网店设计、网店装修、构图与产品色系搭配、产品图片处理、制作广告促销图片、制作产品详情页、H5 移动场景设计等。对于网店美工而言，必须要熟练掌握图片设计软件（PS、AI、C4D、光影魔术手等）和网页设计软

件（DW、H5 等），并具备视频编辑能力（会声会影、爱剪辑、AE 等）；还需要有创意构思能力和一定的美术基础，要懂得把握视觉色彩与网站布局，还应具备网站的整体策划和设计能力。

下面为大家介绍网店美工的主要职责，如图 1-21 所示。

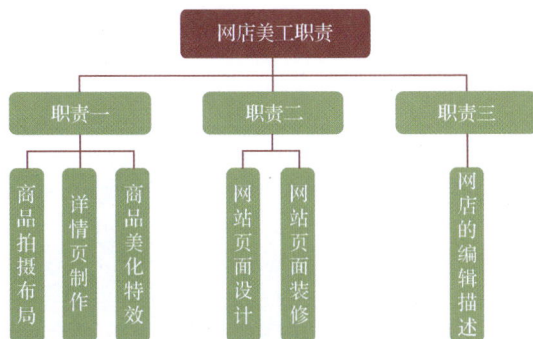

图 1-21　网店美工的主要职责

1. 进行网站商品图的拍摄和详情页的描述制作

（1）根据商品的特性进行布局拍摄。

（2）根据商品的描述文案，把商品实物图和描述文案相结合，制作出具有吸引力的详情介绍页。

（3）对商品图片进行美化或者特效处理，可以加上一些促销的字样，并附上水印，以免发生同行盗图现象。

2. 网站各种页面的设计与装修

（1）根据商品的调研数据并结合自身特点，设计出网站各种页面所要表达的效果。

（2）美工设计师可以和专业的网页设计师进行合作，对网页的链接和调试进行监督和测试。

3. 网店的编辑描述

统筹产品的上下架和标题的建立与修改，还有产品的发布和描述等。

随着网络营销的发展，对于网店美工这个职业需求日益增多，美工之间的竞争也越来越大。一个优秀的网店美工每天都要规划好自己要做的工作，有一个清晰的条理，努力提高自己的专业水平，学习好的设计技巧，并将自己的能力运用到设计中去。

1.3.2　网店美工运营之手

对于网店卖家来说，一定要清楚网店美工在网店运营中的角色是什么？网店美工的作用又是什么？只有清楚了以上问题，才能更好地做好美工，服务于网店的运营和销售。

运营一个网店常见的岗位有网店运营总监（店长）、数据分析与产品规划专员、美工专员、网络推广专员、新媒体营销专员、客服专员、电商仓储专员等，如图 1-22 所示。

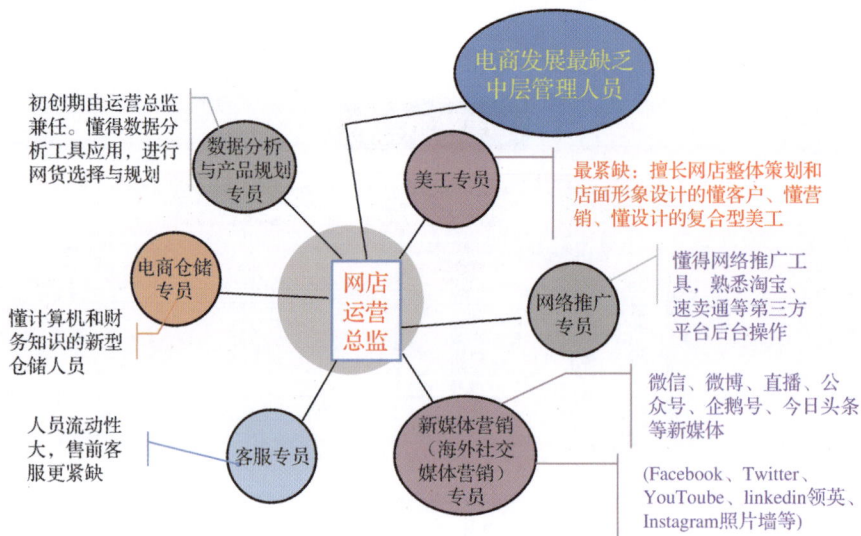

图 1-22　网店运营岗位图（内外贸公司）

经营网店必须要知道一个公式——销售额公式，销售额 = 访客数 × 转化率 × 客单价，如图 1-23 所示。经营网店的所有事情都是围绕着销售额和盈利进行的。通过销售额公式，可以看出影响销售额的因素有 3 个，分别为访客数、转化率和客单价。

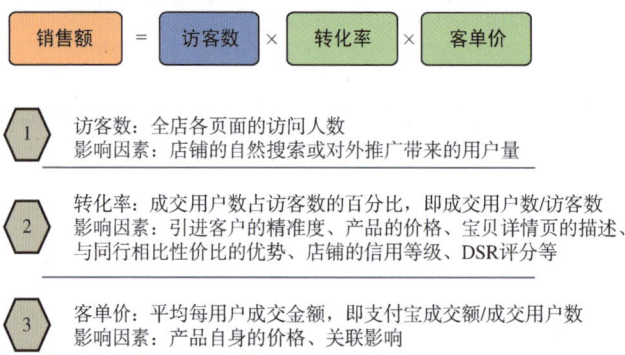

图 1-23　销售额公式

网店美工也被誉为"运营之手"，网店美工是服务于网店运营和销售额的，其最大的作用是通过对网店多方面要素的设计吸引客户的眼球，提高客户的购买率和转化率。

在客单价一定的情况下，越高的转化率和访客数，对应的销售额就越高。所以，很多人都在想着如何请优秀的美工设计师，做好网店的美工设计，提高转化率，提升销售额。

影响网店销售额的因素

> 🔆 **小贴士**
>
> PV：页面浏览量（Page View），也称点击量，指店铺各页面被查看的次数。
> UV：访客数（Unique Visitor），全店各页面的访问人数（IP 数）。

1.3.3　网店美工的成长

1. 成长路径

初级美工、中级美工、高级美工需要掌握的技能和具备的素质有所不同。

（1）初级美工（美工助理）

初级美工需要精通光影魔术手和美图秀秀等初级图形图像美化软件，能使用 Photoshop 软件进行简单图片的处理和设计，能够协助美工专员完成网店的图片设计和店铺设计工作。初级美工可以选择直接购买装修模板进行店铺装修，需要初步学会 Dreamweaver 软件的基本功能操作。

（2）中级美工（美工专员）

中级美工需要精通 Photoshop、Dreamweaver、AI 等软件，能使用 Photoshop、AI 对商品图片进行美化和设计，能使用 Dreamweaver 设计精美的网店页面，能根据商品写出打动消费者的文案，能承担整个网店美工设计的相关工作。

（3）高级美工（美工设计师）

高级美工设计师是一种复合型人才。在掌握美工专员技能的基础上，还需要具备以下能力：营销思维、用户思维、扎实的美术功底、丰富的想象力、良好的创造力、良好的文案功底、平面设计和广告设计的相关工作经验。网店视觉设计师需要具备的素质如图 1-24 所示。

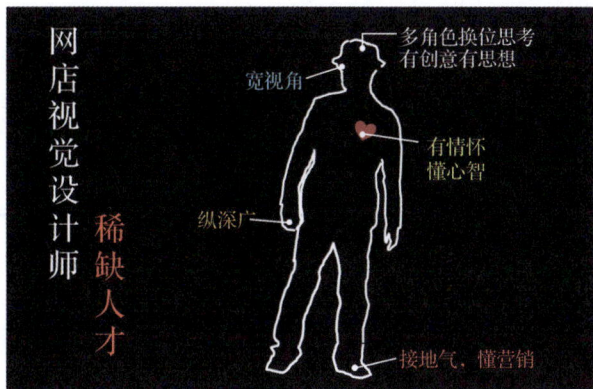

图 1-24　网店视觉设计师需要具备的素质

美工人员不仅仅是做图，理解能力和洞悉策划方案意图同样很重要。对于美工人员来讲，创意往往比技术更重要，要想成为资深的美工设计师需要付出艰辛的努力。

美工人员要把握一个关键词汇：产品诉求。广告总是要突出所宣传产品的某一个吸引人的特点，这个突出的特点就是产品诉求。也就是最能够打动消费者的，商家最想展示的，产品最大的特色。所以，一个优秀的美工设计师，一定要有一个良好的营销思维，在设计图的时候，一定要清晰地知道，图片传递出去的是什么信息，能否打动买家。一张好的图片是有核心、有"灵魂"的，这个"灵魂"能够让买家产生共鸣并愿意付诸行动。优秀的美工设计师是懂技术、懂产品、懂审美、懂营销、懂广告、懂设计的复合型人才。

2. 初学者建议

一提到网店美工，大家首先想到的就是淘宝美工，相信许多新手在刚开始从事这一行的时候都无从下手，不知道如何设计，是先学习技术理论，还是直接进行实操？其实，想成为一名优秀的美工设计师，除了学习和掌握相关的技能外，最重要的就是要学会分析。通过下面的介绍，可以教大家如何理清设计思路，如何快速走上设计之路，走进电子商务这个行业，从模仿开始，不断实践。

其实，模仿别人也是学习的一个过程，期间可以学习到设计是如何构成的，包括配色等。

以图 1-25 为例，当大家看到该图的时候，首先想到了什么？是不是看到美女身上穿的衣服后，有了一种想购买的冲动。或者说被美女所吸引了，想多看几眼。如果你所做的设计已经可以达到这个境界，说明你成功了。虽然每个人的眼光不一样，但是共同的美感还是存在的，下面就一起学习探讨一下，图 1-25 所示的设计是如何制作的。

图 1-25　服装钻展图

可以把图 1-25 所示的设计分为以下几个元素进行讲解：

（1）商品，自始至终要围绕着它进行设计，有时候也会根据设计或者不同的需求来把控，但是一般都把它放在第一位。

（2）背景，背景的主要作用就是要突出商品的特点和价值。背景的设计可以影响整个设计的氛围，但是也要区分主次关系，不能让背景过于明显的突出，反而抢占了商品的位置。

（3）颜色，在电商设计中，颜色的搭配非常能影响整个设计的美感。不同的颜色给人带来的视觉感受和情绪感受是不一样的，所以如何搭配色彩是非常重要的。

（4）排版，排版很重要，字体的大小，素材的摆放对于初学者来说是比较有难度的。对于一个好的排版而言，整体上会让人感到视觉舒适，也不会增加视觉疲劳感。当然，排版布局的技巧是需要日积月累的，大家平时可以把一些好的设计保存起来，同时在需要的时候再进行参考模仿，随着经验的积累相信大家也会做出很棒的设计来。广告排版图的示例如图 1-26 所示。

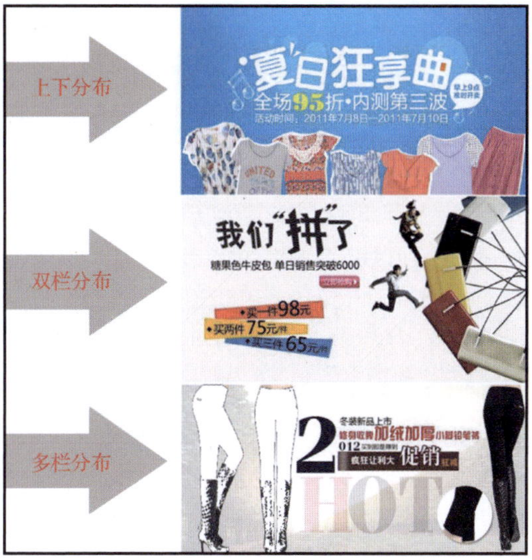

图 1-26　广告排版图

分析了上面例子之后，下面来总结一下提升美工设计能力的几点建议。

（1）首先，要想提升自己的设计水平，实操很重要；其次，要想有一个完整的设计思路，应掌握基础的设计能力、色彩搭配和构图技巧。

（2）模仿是最好的老师。要经常看优秀的设计作品，理解一个高转化率的设计作品到底哪里吸引人，理解色彩情感搭配，关注现在的潮流元素。在考虑设计图片时，也需要留意和观察周围的一切，这些都是进行设计的源泉。

（3）对于初学者来说，可以从模仿开始，反复实操、提炼、总结，从而形成自己的设计风格。相信热爱网店美工行业的设计者通过自己的努力，最终肯定会取得理想的硕果的。

同步阅读

淘宝天猫代运营，视觉营销的秘密！

电商发展已经经历了两个 5 年，顾客群体对于网络购物的用户体验要求越来越高，可以选择的余地也越来越大，再加上传统企业批量进驻网络购物平台，拥有强大资本和雄厚实力的集团军争先抢占顾客资源和市场份额，而且竞争越来越激烈。而其中对于订单转化率、吸引流量和转化流量，前端人员最重要的工作就是用视觉手段去展示商品、吸引顾客，为顾客展示说明，以及达成品牌的传达。因此，视觉设计的重要性不言而喻。

在这个飞速发展的时代中可以发现，在目前的人才体系中，美工设计岗位的空缺和美工技术的落后远远高于客服和推广岗位。虽然大家都很重视美工设计人才，也都深刻了解视觉营销的重要性，但美工难招，招来难用好，是普遍现象。美工的来源渠道有两个，第一个来源于高校，科班出身，受过良好的美术基础训练。但这类美工上岗后"水土不服"，做不出商业化的东西，而且出作品慢，对网页语言不了解。第二个来源于草根，也就是通过开网店自学 Photoshop，这类美工技能强，能够很快出作品，但他们的缺点是没有系统的美术基础知识，缺少对于审美、色彩搭配、页面表达等 系列的把握，所以设计出来的效果能用，但不出彩，而且大多流于俗气，没有档次。笔者认为，好的美工一定要同时具备技能和理论知识。

实际上，一个好的视觉的产生不仅仅要求美工人员只具备以上两点。目前对设计师和设计总监又有了更高的要求，不仅要求他们具备美工技能，更要具有运营思维、策划能力、文案组织能力，以及好的创意。除此之外，还要求他们能够带领美工团队完成所有任务。这样的超级人才往往可遇而不可求。

对于电子商务团队的格局和架构，视觉部门并不是独立工作的，还需要配合公司的运营部门和策划人员，这样才能将整体的策划思路用图文表达出来，才能将运营的意图完整地呈现出来，才能取得好的效果。

电商视觉营销的表象是视觉呈现，其核心目的是营销。就是让受众通过视觉了解产品和品牌的同时最终达成交易，甚至成为该品牌的忠实顾客。电子商务更讲究"用户体验"，从销售的角度来讲，网店视觉营销就是要塑造一个良好用户体验的网店，让目标客户容易进、容易看、容易懂、容易选、容易买、容易回的店铺，让商品转化率与销售额产生直接联动。从实体店铺的角度来说，就是容易在终端产生销售的意思。如果从实体导购员的角度来说，商品容易看、容易拿取、容易尝试，也是直接与容易销售相联系的。在网店中，产品的描述就是导购员，网店视觉营销的理念就是达到顾客与网店双方在买与卖之间均可获得方便的效果。

一、容易进

从店铺在全网的角度而言，"容易进"主要应用于淘宝常规的营销及推广手段，例如，优化宝贝标题提高自然搜索；投入直通车、钻展等付费引流；做好全网 SNS 和淘宝 SNS 的免费引流（淘宝 SNS 营销目前是淘宝营销的又一核心，是有效的营销推广方法，值得大家学习）；站外其他付费的引流等。然而这些推广中除了"标题优化"外，从某种程度上可以说各种方法都是"视觉化"的引流方式。好的设计是让用户容易进入店铺的关键要素。另外，对于进入店铺后，还有一层"容易进"，即容易进入各个分类或各个主推的栏目频道，甚至容易进入主推单品，视觉上有引导地让用户跟着你精心规划的店铺路径走。

二、容易看

只要顾客进入店铺就要尽可能地留住他，除了产品本身具有吸引力外，用户在浏览时，给他们的视觉呈现也是很重要的因素，不论是产品、还是广告文字，一定要让用户很容易就能识别，最终达到有效传达的目的。

三、容易懂

容易懂主要是要让顾客读懂你。因为你卖自己的产品，对产品了解是很到位的，然而要让顾客真正了解你的产品才是关键。在网络零售中，要让顾客了解你的产品，也就是相关视觉图片顾客要看得懂、文字要读得懂、卖点要真的懂。因为顾客的知识背景、人生经历、年龄大小等多方面的不同，要让大众能读懂你，就要把产品的特点抽象成图文，甚至视频的方式呈现给顾客，让其轻松理解。

四、容易选

容易选主要涉及产品的分类设置、导航引导、产品推荐等。产品分类好比商场或超市中的区域划分和商品陈列，如果它们随便规划和摆放，一定不利于用户的选购。因此，在视觉规划店铺时，就要做好导航条和导航区域的规划以及产品分类的规划，从而方便顾客查找和购买。

五、容易买

从技术层面，对于电子商务网站设计而言，"买"这个动作还是比较容易的，比如"立刻购买"或"放入购物车"，同时要在后续流程中注意用户的习惯。然而，对于用户体验上的"容易买"就涉及较多的方面了，以上几点从广义角度看，也属于容易购买的范畴，而具体要注意以下几点。

（1）店铺中的广告是否都链接到相应的产品页。

（2）具体的产品页是否帮用户考虑到搭配套餐的选择。

（3）产品页中的关联销售是否有必要，尽量去除无关的非关联广告。

（4）产品页的图片尺寸和大小是否有优化，是否利于用户快速打开阅读。

六、容易回

容易回主要涉及两个方面，一方面，从情感上，要让顾客对店铺及品牌留下深刻印象；另一方面，从应用上，可以让"店铺收藏"尽量明显或和别人的不一样，让用户容易收藏你的店铺，当然，还可以通过设置"店铺收藏有礼"等方式，吸引用户收藏你的店铺。

另外，好的视觉效果也会给用户带来更多的信任感，能让用户记住它，提高用户的回头率并为店铺的品牌提升奠定基础。对于电子商务团队的格局和架构，视觉部门并不是独立工作的，还需要配合公司的运营部门和策划人员，这样才能将整体的策划思路用图文表达出来，也才能将运营的意图完整地呈现出来，从而取得好的效果。

（资料来源：跨境一步达，www.kjeport.com）

📌 项目小结

随着社会的不断发展，电子网络的兴起，视觉营销也越来越重要。对于视觉营销一定要讲究顾客的需求，即要把产品的信息放在最前面。视觉是手段，营销是目的，视觉以营销为目的；目的是通过手段来实现的。纵观视觉营销，它利用图片设计的视觉效果和客户体验来吸引顾客，从而实现销售量。所以视觉营销是当今网络营销的重中之重。

在后面的章节中，还会介绍 Photoshop 的使用、网店常用图片的设计、无线端装修等项目，希望大家学习了本书以后对网店美工实务有一个整体的认识和理解，相信大家会在电子商务领域取得成功。

同步测试

在线测评 1

一、单项选择题

1. 构成色彩的三要素有（　　　）。
A. 色相、饱和度、明度　　　　　　　B. 色素、色相、明度
C. 饱和度、灰度、明度　　　　　　　D. 色素、灰度、饱和度

2. 色彩的三原色是（　　　）。
A. 红、黄、蓝　　B. 红、蓝、紫　　C. 黄、蓝、绿　　　　D. 青、蓝、紫

3. 视觉营销的作用有（　　　）。
A. 引起潜在消费者关注　　　　　　　B. 引起买家的兴趣和购买欲
C. 传达店铺信息，塑造店铺形象　　　D. 以上选项都是

4. 视觉营销的流程有（　　　）。
A. 设计、生产、投放　　　　　　　　B. 规划、设计、投放
C. 调研、规划、设计、投放　　　　　D. 调研、规划、生产、投放

5. 色彩分为（　　　）。
A. 有彩色和无彩色　　　　　　　　　B. 黑、白、灰
C. 暖色与冷色　　　　　　　　　　　D. 调研、规划、生产、投放

二、多项选择题

1. 海报设计排版布局有（　　　）。
A. 上下排版　　　　　　　　　　　　B. 双栏排版
C. 多栏排版　　　　　　　　　　　　D. 以上选项都不是

2. 视觉营销的原则有（　　　）。
A. 目的性　　　　B. 审美性　　　　C. 有效性　　　　D. 实用性

3. 视觉营销的目的有（　　　）。
A. 促进联系　　　　　　　　　　　　B. 实现销售
C. 品牌提升　　　　　　　　　　　　D. 以上选项都不是

4. 网店美工的职责有（　　　）。
A. 商品拍摄布局　　　B. 详情页制作　　　C. 商品美化特效
D. 网站页面设计　　　E. 网站页面装修　　　F. 网店的销售

5. 消费者人群因素有（　　　）。

A. 年龄段　　　　　　B. 收入水平　　　　　　C. 性别

D. 工作环境　　　　　E. 性格　　　　　　　　F. 文化程度

三、简答题

1. 阐述视觉营销在网店中的作用。

2. 怎样做网店视觉营销，才能抓住消费者的眼球？

3. 登录亿邦动力网，找出 2017 年或 2016 年天猫双 11（女装 / 男装 /3C 家电 / 美妆 / 食品 / 母婴等）销售额排名前 3 的店铺，并分析该网店在视觉营销和美工设计方面的优点。

项目 2　精通美工常用 Photoshop 技能

重点难点

Photoshop 基础知识；Photoshop 文字特效；Photoshop 修图、美图与调色；Photoshop 抠图；Photoshop 蒙版与滤镜。

项目导图

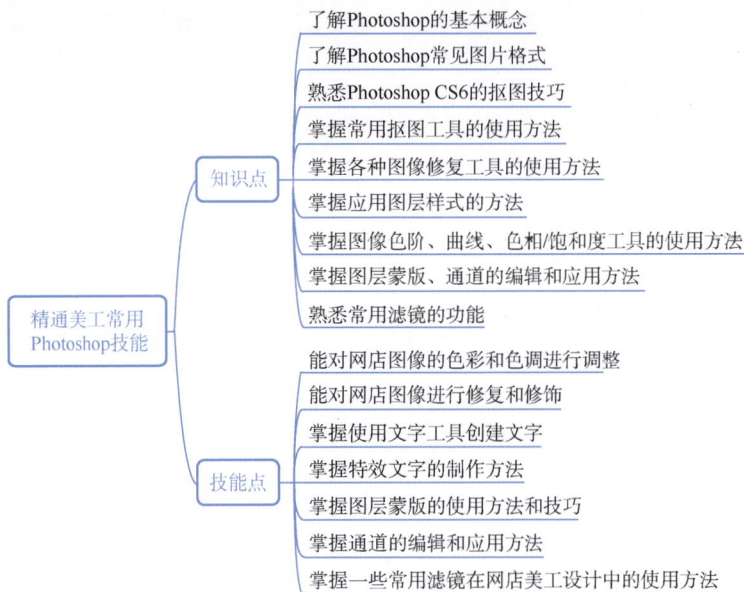

知识点
- 了解Photoshop的基本概念
- 了解Photoshop常见图片格式
- 熟悉Photoshop CS6的抠图技巧
- 掌握常用抠图工具的使用方法
- 掌握各种图像修复工具的使用方法
- 掌握应用图层样式的方法
- 掌握图像色阶、曲线、色相/饱和度工具的使用方法
- 掌握图层蒙版、通道的编辑和应用方法
- 熟悉常用滤镜的功能

精通美工常用
Photoshop技能

技能点
- 能对网店图像的色彩和色调进行调整
- 能对网店图像进行修复和修饰
- 掌握使用文字工具创建文字
- 掌握特效文字的制作方法
- 掌握图层蒙版的使用方法和技巧
- 掌握通道的编辑和应用方法
- 掌握一些常用滤镜在网店美工设计中的使用方法

引例

　　小于是位个体经营户，主要经营女装生意。近年来，由于淘宝发展势头迅猛，小于的店铺经营越来越困难，经过深思熟虑，小于决定进驻淘宝。小于的学历不高，而且已毕业多年，学的又是旅游管理专业。当他下定决心后，才发现进驻淘宝容易，要经营好一家淘宝店却远没有想象得那么简单。例如：产品上架、店内活动准备、店铺装修、平台活动的组织、网店运营、店铺推广等都有很大的学问。小于是个人创业，没有强大的经济基础，创业初期只能靠节省开支，于是小于在经营淘宝店之余，报了个电子商务业余培训班，想系统地学习，如店铺运营、PS 软件运用、产品拍摄、宝贝描述制作、店铺装修等一系列电商知识。

引例分析

　　小于在大学学的是旅游管理专业，且已毕业多年，如今又要从头开始学习，PS 软件功能强大，小于只能从头开始，本项目从实用的角度循序渐进地引领小于快速掌握 Photoshop 基本技能，能够让小于熟练使用 Photoshop CS6 进行网店美工设计，并掌握相应的方法与技巧。

✔ 任务 1　Photoshop 基础与文字特效

2.1.1　Photoshop CS6 基础知识

1. 像素

像素是图像最基本的构成元素之一，像素的英文名称为 pixel（1 厘米约等于 28 像素）。图像就是由很多在水平及垂直方向上的像素排列组成的，像素记载着图像的颜色信息。像素的位置及色彩信息决定了图像的品质效果，一个图像的像素越多，包含的色彩信息越丰富，图像的品质也就越好，并且文件尺寸也会随之增加。

2. 图像分辨率

分辨率指单位长度内包含的像素点的数量，代表图像的精细程度，实际上是指像素的排列密度，以像素 / 英寸为单位，简称 ppi。如 72ppi 表示每英寸包含 72 像素点。一般情况下，图像的分辨率越高，所包含的像素就越多，图像就会更加清晰。

3. 图像的色彩模式

色彩模式决定了显示和打印所处理图像颜色的方法。图像的颜色模式种类比较多，常用的有 RGB、CMYK、Lab 模式、灰度等。下面主要介绍 RGB 色彩模式和 CMYK 色彩模式。

（1）RGB 色彩模式。该色彩模式由红（R）、绿（G）、蓝（B）三种基本颜色组成，基色成分越多，图像越亮，故称为加法模式。该模式常在计算机处理图像时使用。每种 RGB 成分都可以使用 0（黑色）～ 255（白色）的值，即每种颜色都有 256 种亮度值。因此，RGB 颜色可以表示 1670 万种颜色（256×256×256），是目前运用最广泛的颜色系统之一。

（2）CMYK 色彩模式。该色彩模式由 C（青）、M（紫）、Y（黄）和 K（黑）四色油墨叠印而成，基色成分越多，图像越暗，故称为减法模式。该模式为输出打印时的色彩模式。因为，图像在计算机内进行处理时，采用 RGB 模式，而输出打印时，需要转化为 CMYK 模式。

4. 常见图片格式

（1）JPEG 格式。该格式是应用较广泛的一种图像压缩格式，文件后缀名为".jpeg"或".jpg"。因其压缩比大、文件小，而又能相对保证较好的图像质量，网络上 80% 以上的图像都采用了 JPEG 压缩标准。

（2）PSD 格式。该格式是 Photoshop 的默认格式，文件后缀名为".psd"。PSD 文件可以存储成 RGB 或 CMYK 模式，能够自定义颜色数并加以存储，还可以保存 PS 的图层、通道、路径等信息，是目前唯一能够支持全部图像色彩模式的格式。

（3）GIF 格式。该格式也是一种流行的图像格式，因采用较合理的 LZW 压缩方式，可使图像最小化，从而非常适合网上使用。不足之处是 GIF 格式只支持 256 种颜色。

（4）PNG 格式。该格式结合了 JPEG 格式和 GIF 格式的优点，而且还支持透明设置，因而被广泛应用。

（5）TIFF 格式。该格式是应用最广泛的图像格式之一，能运行于各种平台上的大多数应用程序，都支持多种色彩模式。

5. Photoshop CS6 操作界面及工具箱界面

Photoshop CS6 操作界面如图 2-1 所示。

Photoshop CS6
界面介绍

图 2-1　Photoshop CS6 操作界面

菜单栏：Photoshop CS6 提供了若干组命令，几乎涵盖了 Photoshop 能用到的全部操作命令。

选项栏：也称工具属性栏，用于设置或控制工具属性值，内容因工具不同而不同。

面板：也工具面板或浮动面板。Photoshop 将功能相似的选项集合到面板中，它们主要用于设置和修改图像，以提高工作效率。如直方图，可查看图像曝光情况。

工具箱：以图标形式聚焦了 Photoshop 的全部工具，除个别工具外，在图标右下角有一个黑小三角标志的，表示该工具（组）包含多个类似工具，如图 2-2 所示。

图像编辑窗口：这是 Photoshop 的一个子窗口，是用户编辑图像的地方。

图像标题栏：显示图像的一些属性，如图像名、色彩模式及缩放比例。

图像标签卡：单击可切换图像窗口。

标尺：显示图像尺寸，重复按"Ctrl+R"组合键，可显示/隐藏标尺。

图像状态栏：显示图像大小、缩放比例等一些信息。

粘贴板：Photoshop 工作区域大小，所有的 Photoshop 元素，如图像窗口、工具箱、面板等，都悬停在粘贴板上，并且可以随意移动它们的位置，调整它们的大小。

Idea

图 2-2　Photoshop 工具箱界面

套索工具　L
多边形套索工具　L
磁性套索工具　L

裁剪工具　C
切片工具　C
切片选择工具　C

污点修复画笔工具　J
修复画笔工具　J
修补工具　J
红眼工具　J

画笔工具　B
铅笔工具　B
颜色替换工具　B
混合器画笔工具　B

历史记录画笔工具　Y
历史记录艺术画笔工具　Y

模糊工具
锐化工具
涂抹工具

钢笔工具　P
自由钢笔工具　P
添加锚点工具
删除锚点工具
转换点工具

横排文字工具　T
直排文字工具　T
横排文字蒙版工具　T
直排文字蒙版工具　T

3D 对象旋转工具　K
3D 对象滚动工具　K
3D 对象平移工具　K
3D 对象滑动工具　K
3D 对象比例工具　K

矩形选框工具　M
椭圆选框工具　M
单行选框工具
单列选框工具

快速选择工具　W
魔棒工具　W

吸管工具　I
颜色取样器工具　I
标尺工具　I
注释工具　I
计数工具　I

仿制图章工具　S
图案图章工具　S

橡皮擦工具　E
背景橡皮擦工具　E
魔术橡皮擦工具　E

渐变工具　G
油漆桶工具　G

减淡工具　O
加深工具　O
海绵工具　O

路径选择工具　A
直接选择工具　A

矩形工具　U
圆角矩形工具　U
椭圆工具　U
多边形工具　U
直线工具　U
自定形状工具　U

3D 旋转相机工具　N
3D 滚动相机工具　N
3D 平移相机工具　N
3D 移动相机工具　N
3D 缩放相机工具　N

抓手工具　H
旋转视图工具　R

💡 小贴士：

本书用到的 Photoshop 软件以 CS6 为主（含部分 CS5），是目前设计师用得比较多的版本。

2.1.2　Photoshop 基本操作

在学习本项目后面内容之前，建议读者先了解或掌握 Photoshop 中常用的基本操作，大家可以参考图 2-3 进行学习或扫描二维码进行学习。

PS 基本操作

序号	常见基本操作	快捷方式或操作	序号	常见基本操作	快捷方式或操作
1	新建/打开文件	Ctrl+N/O	14	取消选区	Ctrl+D
2	查看和修改图像大小	Ctrl+Alt+I	15	全选	Ctrl+A
3	保存/关闭	Ctrl+S/W	16	反选	Ctrl+Shift+I
4	辅助标尺	Ctrl+R	17	复制选择区域	Ctrl+C
5	辅助参考线使用	视图>新建参考线	18	粘贴选择区域	Ctrl+V
6	缩放工具	Ctrl+ "+" / "−"	19	画笔工具	B
7	手抓工具（拖动鼠标平移）	空格键（Space 键）	20	减小 / 增大画笔笔头	"【" / "】"
8	隐藏工具箱及面板	窗口 > 工具等	21	裁剪（固定尺寸）	C
9	按屏幕显示全图	Ctrl+0	22	裁剪（矫正倾斜图像）	C
10	窗口模式调整	F	23	裁剪（透视变形图像）	C
11	历史记录	窗口 > 历史记录	24	色阶 / 曲线	Ctrl+L/M
12	恢复到上一步	Ctrl+Alt+Z	25	色相 / 饱和度	Ctrl+U
13	自由变换	Ctrl+T	26	……	……

图 2-3　Photoshop 常用基本操作（部分）

2.1.3　Photoshop 文字特效

1. 文字工具与文字属性栏

Photoshop 中的文字工具主要包括横排文字工具 **T**、直排文字工具 **IT**、横排文字蒙版工具 **T** 和直排文字蒙版工具 **IT** 4 种，如图 2-4 所示。

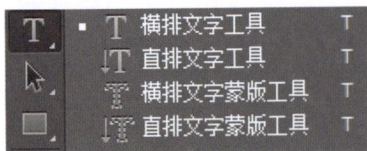

图 2-4　文字工具

使用横排文字工具 **T** 和直排文字工具 **IT** 可以创建点文字、段落文字和路径文字，使用横排文字蒙版工具 **T** 和直排文字蒙版工具 **IT** 可以创建文字选区。

选择工具箱中的横排文字工具 **T**，其工具属性栏如图 2-5 所示。

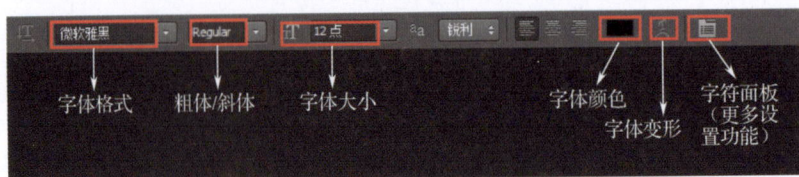

图 2-5　文字工具属性栏

> **小贴士**
>
> 网店图片设计中较常见的字体为黑体系列，黑体给人正规、大气、上档次等多方面的视觉感受。例如：天猫、1号店、京东等电商平台的首页图片以及商品主图和详情页设计图片中用到的大部分是黑体和微软雅黑等黑体系列。

下面通过案例来学习横排文字工具的用法，操作步骤如下。

步骤 1：打开案例图（见图 2-6），使用横排文字工具输入需要的文字，使用"字符"面板设置文字参数，使用"图层"面板制作水印效果，如图 2-7 所示。

步骤 2：在图像窗口中单击鼠标左键，会出现一个闪烁的光标，输入店铺名称，按回车键另起一行输入店铺链接地址，如图 2-8 所示。

图 2-6　案例图　　　　　图 2-7　"字符"面板　　　　　图 2-8　输入文字

步骤 3：按"Ctrl+Enter"组合键即可完成文字的输入，使用移动工具将其移到合适的位置，如图 2-9 所示。

步骤 4：在"图层"面板中设置文本图层的"不透明度"为 50%，即可得到为宝贝添加水印后的最终效果，如图 2-10 所示。

2.　文字特效（混合选项 / 图层样式功能）

Photoshop 提供了多种图层样式功能，利用这些功能可以对文字和图片进行特效制作，如阴影效果、发光效果、浮雕效果、光泽效果等。

图 2-9　移动文字　　　　　　图 2-10　添加水印后的效果图

下面通过案例来学习特效文字的用法，以描边为例，操作步骤如下。

步骤1：打开案例图，如图2-11所示。

图2-11 案例图

步骤2：选择横排文字工具，在"字符"面板中设置文字的字体、字号和颜色等属性，如图2-12所示。

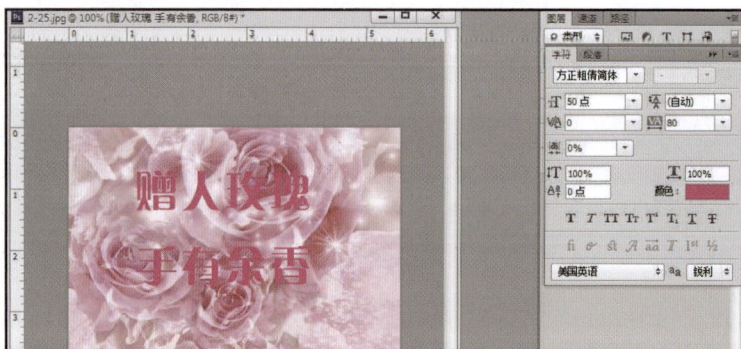

图2-12 输入文字

步骤3：单击"图层"面板下方的"添加图层样式"按钮，在"图层样式"对话框左侧选择"投影"选项，在弹出的对话框中设置各项参数，如图2-13所示。再选择"描边"选项，设置各项参数，然后单击"确定"按钮，如图2-14所示。

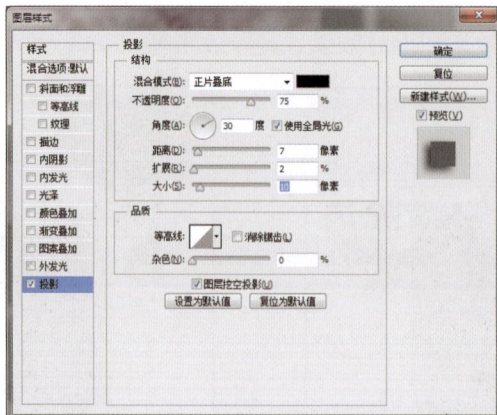

图2-13 设置"投影"参数

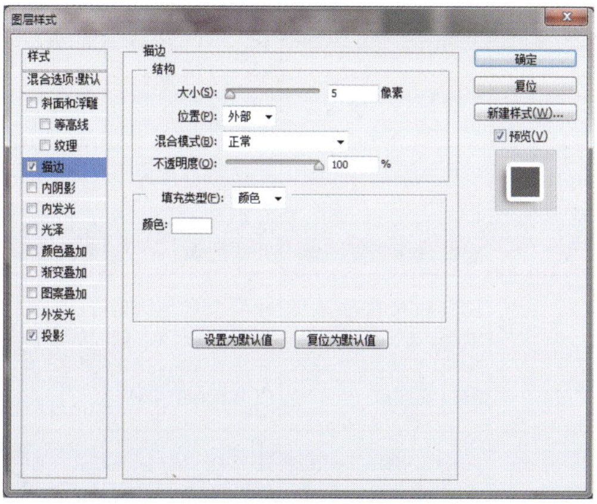

图 2-14　设置"描边"参数

步骤 4：此时即可查看添加投影图层样式后的文字效果，如图 2-15 所示。

图 2-15　添加图层样式后的文字效果

☆ **小贴士**

一般情况下，美工设计中忌讳的是文字色和背景色相同或过于接近，这样很容易看不清图文，但当我们对文字进行深浅色"描边"之后，效果就会较好。

⏰ **同步实操作业**

请针对背景图中的文字或图片（或自找合适的背景输入文字），运用图层样式中的"渐变叠加""斜面和浮雕""内阴影""内发光""光泽""颜色叠加""图案叠加""外发光""投影"功能，分别制作出对应功能的 9 张效果图。

✔ **任务 2　Photoshop 修图、美图与调色**

2.2.1　修图

Photoshop 中常用的图像修补工具如图 2-16 所示。

序号	工具名称	图像	用途	用法	原理	注意事项
1	污点修复画笔工具		适合修补一些分散、较小的区域	单击修复污点	软件自动用单击处周边的像素来修复单击处图像	画笔大小以正好盖住污点为好
2	修复画笔工具		修复一些区域较大的污点或有缺陷的图像	1.按Alt键同时单击鼠标对源图像取样 2.在目标处单击或拖曳鼠标修复图像	软件会自动用采样图像去修复鼠标单击或拖曳处的图像	1.取样图像必须是完美的部分 2.取样大小（画笔大小）要合适 3.保留目标位置图像的光影属性 4.拖曳幅度不出现破碎图像
3	修补工具		修复一些区域较大的污点或有缺陷的图像	1.制作包含缺陷图像的选区 2.将选区拖曳至目标位置释放	软件会自动用目标位置图像去修复源位置的选区内有缺陷的图像	1.双向修复工具：选择"源"选项，用目标位置图像修复源位置图像；反之，用源位置去修补目标图像 2.保留修复位置图像的光影属性 3.选区制作应尽量完善
4	图章工具		修复任意大小的有缺陷的图像	1.按Alt键同时单击鼠标对源图像取样 2.在目标处单击或拖曳鼠标修复图像	软件会自动用采样图像去修复鼠标单击或拖曳处的图像	1.取样图像必须是完美部分 2.取样大小（画笔大小）要合适 3.不保留目标位置图像的光影属性，或称这是完全修复 4.拖曳幅度不出现破碎图像

图 2-16　Photoshop 中常用的图像修补工具

1. 污点修复画笔工具

污点修复画笔工具 可以去除图像中较小的杂色或污点，在网店美工中可用于图像的去斑、去痘等。污点修复画笔工具可以自动根据所修复区域的周围颜色进行修复操作。

污点修复画笔工具 属性栏如图 2-17 所示。

图 2-17　污点修复画笔工具属性栏

下面通过案例来学习污点修复画笔工具的用法，操作步骤如下。

步骤 1：打开案例图（见图 2-18（a）），选择污点修复画笔工具 。

步骤 2：在属性栏中单击"画笔大小"按钮 ，将画笔数值调整到稍微大于污点标准。再将鼠标移动到需要修复的污点上，单击鼠标左键。放开鼠标，即可修复污点，效果如图 2-18（b）所示。

（a）修复前效果图　　　　　　　　　　（b）修复后效果图

图 2-18　案例图

2.　修补工具

（1）作用：将选中区域的像素由其他区域的像素替换或替换其他位置的像素。

（2）特色：适合较大范围面积像素修改和替换，而且保留了原像素的亮度信息。

（3）原理：修补原理如图 2-19 所示。

源效果：选区 A 移动到 B 时，B 区域会代替 A 区域。

目标效果：选区 A 移动到 B 时，A 区域会代替 B 区域。

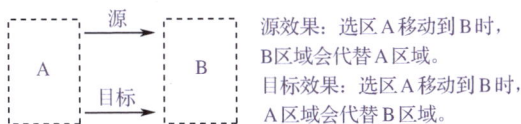

图 2-19　修补原理

修补工具

（4）属性栏：修补工具属性栏如图 2-20 所示。

图 2-20　修补工具属性栏

① 透明：勾选该项后，可以使修补的图像与原图像产生透明的叠加效果。

② 使用图案：在图案下拉调板中选择一个图案后，单击该图案，可以使用图案修补选区内的图像。

下面通过案例来学习修补工具的用法，操作步骤如下。

步骤 1：打开案例图（见图 2-21），选择修补工具，并在属性栏中选择"源"选项（默认值为"源"），如果要去除案例图左上角的文字，可以将文字框选。

步骤 2：将鼠标放在选取区域内，将区域拖动到右侧空白的区域上，松开鼠标，即成功完成修复替换，如图 2-22 所示。

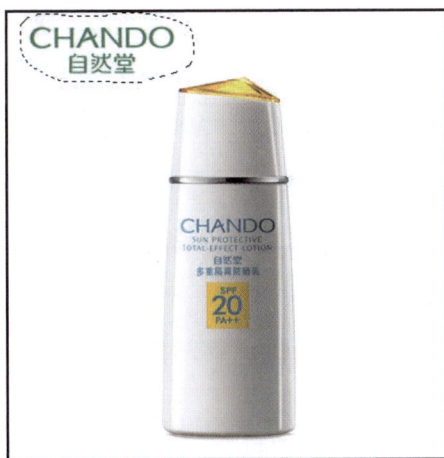

图 2-21　选中修补区域

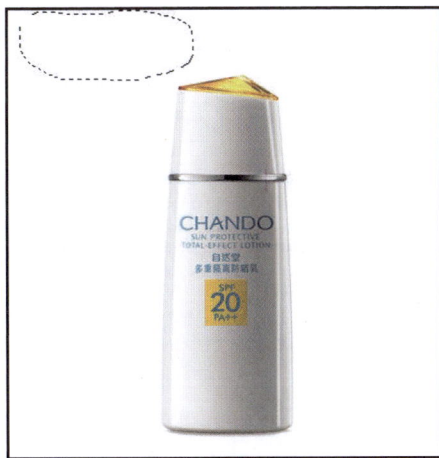

图 2-22　修补替换后效果图

3.　仿制图章工具

仿制图章工具 是通过复制图像的某一部分来达到修复图像的目的的。该工具可以用来复制部分图像、消除人物脸部斑点、去除不相干的杂物、填补图片空缺、去水印等。

仿制图章工具 ⬚ 属性栏如图 2-23 所示。

图 2-23　仿制图章工具属性栏

下面通过案例来学习仿制图章工具的用法，操作步骤如下。

步骤 1：打开案例图（见图 2-24），选择仿制图章工具 ⬚，在花瓣区域，按住 Alt 键，此时工具的图标会变成十字同心圆，单击鼠标左键一次（取样本），便设置了仿制图章工具的仿制源。

步骤 2：将鼠标移到图像左侧黑色区域，按住鼠标左侧移动鼠标，即可再仿制出一朵花，如图 2-25 所示。

图 2-24　案例图

图 2-25　仿制图章盖印花后的图像

2.2.2　美图

1. 色阶工具

色阶工具的主要功能是调整颜色值，可以改变图片的明暗度、饱和度和亮度。如一张曝光不足的图片，能够通过 PS 的色阶工具将其调整为较正常的曝光效果。

仿制图章工具

下面通过案例来学习色阶工具的用法，操作步骤如下。

步骤 1：打开案例图（见图 2-26），可以看到图片整体比较暗，色泽不是很好，轮廓也不是很突出。

步骤 2：打开"图层"面板，在"背景"图层上按"Ctrl+J"组合键复制一个新图层。

步骤 3：打开色阶工具，选择"图像"→"调整"→"色阶"命令或按"Ctrl+L"组合键，出现"色阶"对话框，如图 2-27 所示。将色阶滑块的左右两侧往中间移动，这样就可以去掉那些不明显的色泽，效果如图 2-28 所示。

图 2-26　案例图

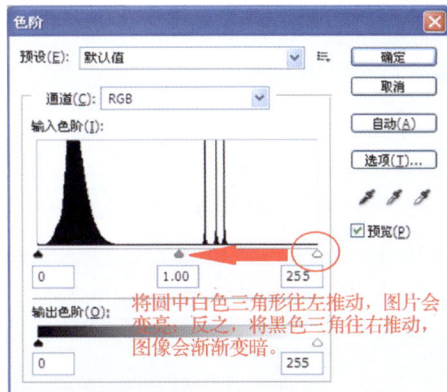

图 2-27　色阶参数设置

将圆中白色三角形往左推动，图片会变亮，反之，将黑色三角往右推动，图像会渐渐变暗。

图 2-28　调整色阶后的效果图

2. 曲线工具

曲线工具可以调节图像整体或是单独通道的对比，可以调节任意局部的亮度，可以调节颜色。

以下通过案例来学习曲线工具的用法，操作步骤如下。

步骤 1：打开案例图（见图 2-29），Photoshop 把图像大致分为三个部分：暗调、中间调、高光，其中天空、沙滩和海水部分属于高光，树木属于暗调。

图 2-29　案例图

步骤 2：打开曲线工具，选择"图像"→"调整"→"曲线"命令或按"Ctrl+M"组合键，弹出现"曲线"对话框，如图 2-30 所示。

步骤 3：若想把原来的碧海蓝色图调整为金黄色的天空效果，由于天空属于高光区域，所以要加亮红通道的高光部分，但树和大海属于中间调部分，在红色通道中要将中间调保持在原来的地方，如图 2-31 所示。

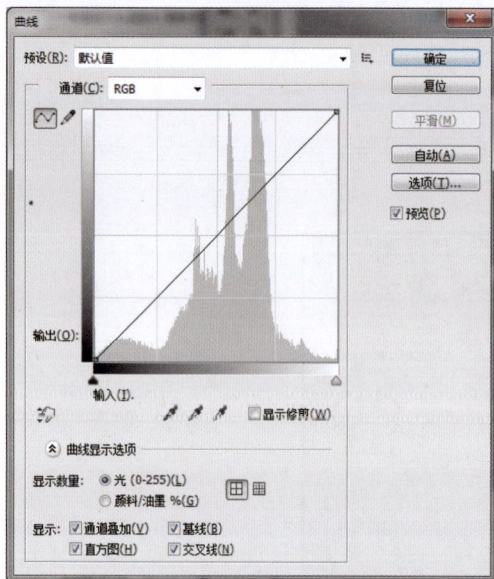

图 2-30　"曲线"对话框

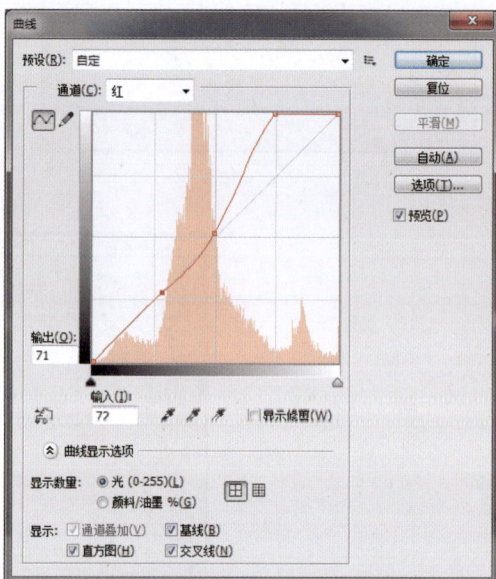

图 2-31　曲线红通道调整

步骤 4：对于图像的蓝色通道，应该减暗蓝色通道的高光部分，如图 2-32 所示。

步骤 5：这样就得到了金黄色的天空和沙滩效果，如图 2-33 所示。

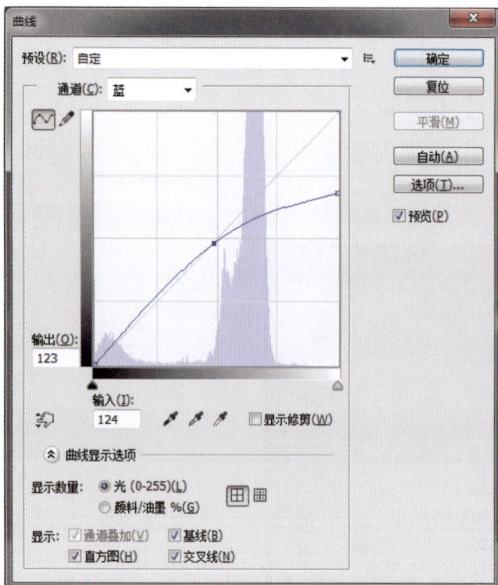

图 2-32　曲线蓝通道调整

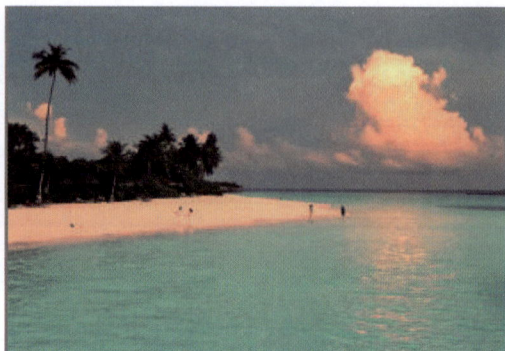

图 2-33　效果图

2.2.3　调色

拍照时因为光线或其他原因，有时拍出来的照片颜色不够饱满鲜亮，与实物颜色差别较大，这时可以使用"色相/饱和度"工具来快速调色及调整图片色彩浓淡明暗。

下面通过案例来学习"色相/饱和度"工具的用法，操作步骤如下。

步骤 1：打开案例图，如图 2-34 所示，调整后效果如图 2-35 所示。

步骤 2：打开"色相/饱和度"工具，选择"图像"→"调整"→"色相/饱和度"命令或按"Ctrl+U"组合键，弹出"色相/饱和度"对话框，如图 2-36 所示。

图 2-34　案例图

图 2-35　色相/饱和度调整后效果图

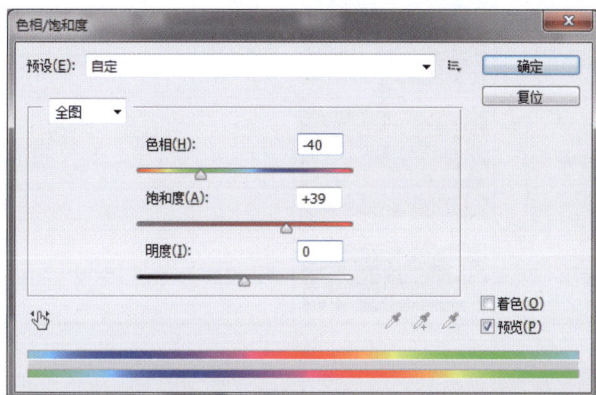

图 2-36　"色相/饱和度"对话框

面板主要参数有：色相、饱和度、明度。

（1）色相用来改变颜色，顺序为红、黄、绿、青、蓝、洋红。

（2）饱和度用来控制色彩浓淡，饱和度线上的三角滑标向右移动，则图像色彩变得饱满鲜艳；向左移动则减弱饱满鲜艳度。

（3）明度控制色彩明暗，勾选"着色"选项，图片会变成单色。

步骤 3：调整色相/饱和度后的图像如图 2-35 所示。

色彩调整——色相/饱和度工具

任务 3 Photoshop 抠图

2.3.1 抠图工具

抠图也就是传说中的"移花接木"术，是网店美工的必修课，也是 Photoshop 最重要的功能之一。开网店，图片处理过程也是最重要的工作之一。抠图就是将产品主体或图片中的一部分，从图片中经过选择后复制或剪切出来。将抠出的图片合成到新背景中，为网店产品营造一种氛围，提升消费者的购买欲望。

笔者整理了美工中常用的抠图工具、其适合的对象以及对象特点供大家参考，如图 2-37 所示。

序号	抠图工具	工具样式	适合对象	对象特点
	Photoshop 中网店美工常用的抠图工具			
1	选框工具	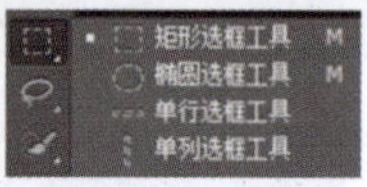	简单图像	图形、椭圆形、长方形、正方形等规则物体
2	套索工具		简单图像	多边形规则物体（磁性套索工具可沿弧度物体边缘线抠图）
3	快速选择工具与魔棒工具		简单图像	背景色单一的物体
4	钢笔工具		简单图像复杂图像	直线、多边形和圆弧形物体等
5	通道工具	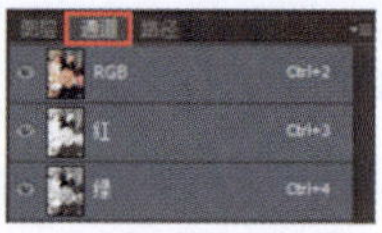	复杂图像	毛绒玩具、头发等不规则物体（颜色差别比较大，但边缘又不规则的图）
6	蒙版工具		复杂图像	一般用于抠取人物图像

图 2-37 Photoshop 中网店美工常用的抠图工具

2.3.2 简单图像抠图

本项目中指的简单图像一般具备以下特点或之一。

（1）背景色单一；

（2）对象边缘清晰；

（3）形状规则；

（4）对象与背景色色差明显。

对于具有上述特点的简单图像，在分析图像形状或色彩特点之后，只要选择合适的工具，就非常容易抠取图像。

操作流程如下：

分析图像特点（形状或色彩）→选择合适工具→试着抠取图像（可能需要多次反复）

→抠取图像至新图层摆放。

　　试着完成以下案例。

　　图 2-38 中给出的几个案例都是典型的简单图像，在分析图像特点后，就不难选择合适的抠图工具了。请根据已经学过的 PS 知识，自行选择合适工具将其抠取，然后将其置于渐变色背景或拖曳至其他背景之上。

序号	图　　像	选择工具与方法
案例 1 选框工具抠图		1. 要求：这是一幅珠子照片，需要抠取其中大珠子作为缩略图 2. 图像特点：圆形对象 3. 选择工具：根据图像特点，可以选择椭圆选框工具进行抠取 4. 抠取： （1）按住 Shift 键拖曳鼠标以绘制圆形选区 （2）执行"选择"→"变换选区"命令，像变换图形那样变换选区 （3）依然用选框工具，移动光标至选区内，拖曳以移动选区 （4）继续变换和移动选区，直至选区正好框住珠子 5. 注意：对于初学者，显然无法一次性拖曳出完全符合要求的圆形选区，需多次变换与移动选区
案例 2 多边形套索工具抠图		1. 要求：图中倒影是拍摄时平台反光造成的，网店需要的纸箱图像不能带有倒影 2. 图像特点：这是一个形状不规则，但边缘线是直线的物体 3. 选择工具：用多边形套索工具 4. 抠取： （1）通过"单击 → 单击"方法抠取图像，在转角处，务必找准转角位置单击 （2）如果某一锚点位置不对，按 Del 键删除（一直按此键直至删除全部锚点） （3）如果觉得视图不对，可按"Ctrl++"组合键放大视图或按"Ctrl+ –"组合键缩小视图 5. 注意：习惯于使用魔棒工具的同学，可以选择魔棒工具试一试，然后比较其优劣
案例 3 快速选择工具抠图		1. 要求：抠取手提包用作图标列表区对象 2. 图像特点：背景色调统一，且与主体对象——皮包存在较大色调差别 3. 选择工具：用快速选择工具大致选择皮包选区，再用套索工具修正选区 4. 抠取： （1）用快速选取工具选取皮包，但与实际要求存在较大出入，需要继续对选区进行修正 （2）用套索工具，结合缩放视图和选区运算，多次反复修正选区 （3）先执行"选择→反选"命令将选区反选以选择皮包，再使用"选择→修改→平滑"命令，平滑 1px；然后执行"选择→修改→收缩"命令，收缩 1px；完成抠取 5. 思考：如果用魔棒工具代替快速选择工具，应如何抠取皮包

图 2-38　简单图像的抠取

　　下面介绍几种抠图工具的使用方法。

1. 选框工具抠图

选框工具属性栏如图 2-39 所示。

图 2-39　选框工具属性栏

（1）▣——"新选区"按钮；

（2）▣——"添加到选区"按钮；

（3）▣——"从选区减去"按钮；

（4）▣——"与选区交叉"按钮。

（5）羽化——设置羽化值，可使创建的选区边缘变得柔和，羽化值越高，边缘就越柔和。

学习者需要熟练掌握选框工具属性栏的功能，关于选框工具抠图要点也可以扫描二维码进行深入学习。

选框工具抠图

2. 魔棒工具抠图

（1）适用范围：适用于背景色单一图片的抠图。

（2）使用原理：根据图像的饱和度、色度和亮度等信息来选择选区的范围，通过调整"容差"值来控制选区的精确度。魔棒工具属性栏如图 2-40 所示。

图 2-40　魔棒工具属性栏

（3）容差：用来设置工具选择的颜色范围。该值较低时，只会选择与鼠标单击点像素非常相似的少数几种颜色；该值越高，选择的颜色范围就越广。其数值范围为 0 ～ 255。

（4）连续：勾选该选项，只选择颜色连接的区域；取消勾选该选项，则选择整个图像中与鼠标单击点颜色相近的所有区域，包括没有连接的区域。

（5）对所有图层取样：勾选该选项，可以选择所有可见图层上颜色相近的区域；取消勾选则仅选择当前图层上颜色相近的区域。

下面通过案例来学习魔棒工具的使用方法，操作步骤如下。

步骤 1：打开案例图，单击"新选区"▣按钮后，在图像白色背景上单击鼠标可创建一个新的选区，容差值为 30，如图 2-41 所示。

步骤 2：单击"选择→反向"命令或按"Ctrl+Shift+I"组合键，可以将选区反选，即取消当前选择的区域，而选择未选择的区域，如图 2-42 所示。

3. 快速选择工具抠图

快速选择工具▣是魔棒工具▣的升级，它可以根据物品和背景的

快速选择工具抠图

颜色差别来选出物品，也是常用的抠图工具之一。同样适用于背景色单一的图片抠图。其默认选择光标周围与光标范围内的颜色类似且连续的图像区域，因此光标的大小决定着选取范围的大小。

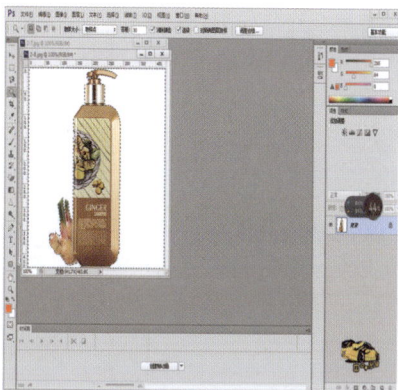

图 2-41　使用魔棒工具创建选区

图 2-42　反选选区

选择工具箱中的快速选择工具，其工具属性栏如图 2-43 所示，使用快速选择工具抠图前后效果如图 2-44 所示。

图 2-43　快速选择工具属性栏

图 2-44　使用快速选择工具抠图前后的效果

关于快速选择工具抠图要点及步骤可以扫描二维码进行深入学习。

4. 钢笔工具抠图

钢笔工具 （快捷键 P）是 Photoshop 抠图工具中功能强大且最常用的，它可以创建精确的直线和曲线路径，常用于对圆弧形物体和直线形物体的精准抠图，在美工实际工作中非常实用。

以图 2-45 所示联想鼠标图片为例，运用钢笔抠图工具完成抠图，操作步骤如下。

钢笔工具抠图

图 2-45　联想鼠标

步骤 1：打开"联想鼠标"图片。

步骤 2：在工具箱中单击钢笔工具，出现钢笔工具属性栏，如图 2-46 所示。

图 2-46　钢笔工具属性栏

步骤 3：在"鼠标"图主体边缘任何一个位置选择一个起点，单击一下出现锚点 A 点，如图 2-47 所示。

步骤 4：顺着抠图的边找下一个点单击左键，出现一个锚点（此时，鼠标左键不要松开），如图 2-48 所示，沿着边的方向拉出去或左右旋转，当弧度刚好紧贴商品边的时候松开鼠标，如图 2-49 所示。

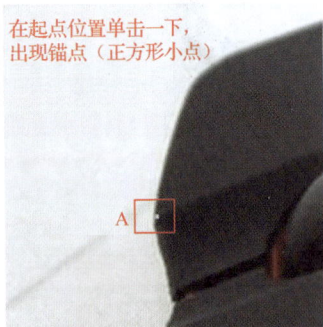

在起点位置单击一下，
出现锚点（正方形小点）

图 2-47　新建起始锚点 A

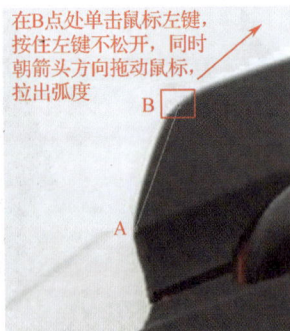

在B点处单击鼠标左键，
按住左键不松开，同时
朝箭头方向拖动鼠标，
拉出弧度

图 2-48　增加锚点

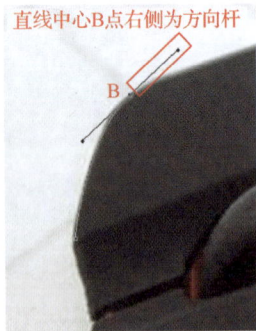

直线中心B点右侧为方向杆

图 2-49　拖出弧度

步骤 5：再将鼠标移动至直线的中心点，并按住 Alt 键，出现如图 2-50 所示标志，在线段中心点处单击鼠标左键，去掉方向杆（B 点右半边直线）。

步骤 6：按住 Ctrl 键移动直线杆子，精细调整弧度，力求弧度贴紧需抠物体边缘，如图 2-51 所示。

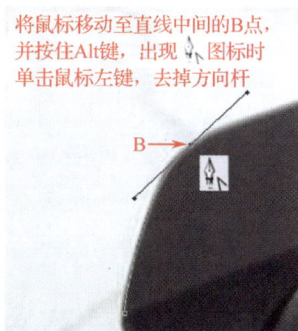

图 2-50　新建起始锚点 A

图 2-51　增加锚点

步骤 7：沿着需抠物体边缘，不断重复上面步骤，将需抠物体全部选中，并闭合路径，如图 2-52 所示（碰到直线边时，直接单击下一个锚点即可）。

步骤 8：选中图 2-53 所示鼠标路径内部并单击鼠标右键，弹出快捷菜单，并单击"建立选区"命令（或按"Ctrl+Enter"组合键），设置羽化半径为"1"，建立选区后效果如图 2-53 所示。

图 2-52　选中商品并单击"建立选区"命令

图 2-53　建立选区后效果图

步骤 9：选择"编辑→拷贝"命令（快捷键"Ctrl+C"），打开背景图，如图 2-54 所示，再选择"编辑→粘贴"命令（快捷键"Ctrl+V"）。

图 2-54　米色背景图

图 2-55　最后效果图

步骤 10：调整抠好的"鼠标"大小（自由变换工具快捷键"Ctrl+T"），并移动抠好的"鼠标"到合适位置，最终效果如图 2-55 所示。

2.3.3 复杂图像抠图

本项目中的复杂图像是指不具备简单图像特点的，不能用上述方法简单、快速抠取的图像，如毛发、烟花、毛绒玩具、半透明物体等。对于这些复杂对象需要用到通道技术和其他辅助命令。

通道分为颜色通道和 Alpha 通道两类，其中颜色通道是用来存储图像颜色信息的，Alpha 通道是用来存储和修改选区的。"通道"面板在"图层"面板的后方，如图 2-56 所示。

通道工具抠图

1. 通道抠图（毛发）

通道最常见的应用是抠图，如图 2-57 所示，将人包括头发一起抠出，放到另一个背景图像中，效果如图 2-58 所示。

图 2-56 "通道"面板　　图 2-57 头发模特原图　　图 2-58 通道抠图后合成图

操作步骤如下。

步骤 1：用 Photoshop 打开头发模特图，单击"通道"面板，如图 2-59 所示。

步骤 2：用鼠标分别单击红、绿、蓝三个通道，观察头发和背景的颜色差别，选出颜色差别最大的一个通道，这里选择蓝通道，单击鼠标右键复制蓝通道，如图 2-60 所示。

步骤 3：选择复制的蓝通道，在主菜单中选择"图像→调整→色阶"命令（快捷键"Ctrl+L"），打开"色阶"对话框，调整色阶，让头发更黑，背景更白，单击"确定"按钮，如图 2-61 所示。

步骤 4：打开磁性套索工具，把人的部分套住（也可以使用钢笔工具精准抠图），如图 2-62 所示，然后将选区填充为黑色，如图 2-63 所示。

步骤 5：取消选区（快捷键"Ctrl+D"），单击"通道"面板下方的虚线圆圈▢（将通道作为选区载入），可选出白色部分的选区，如图 2-64 所示。

图 2-59　单击"通道"面板

图 2-60　复制通道

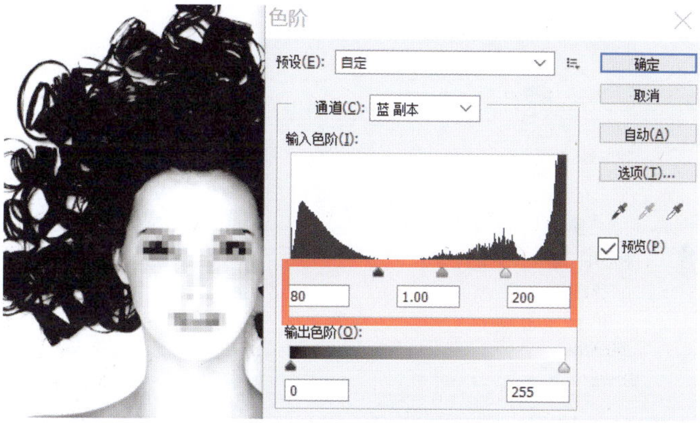

图 2-61　色阶调整

图 2-62　磁性套索工具

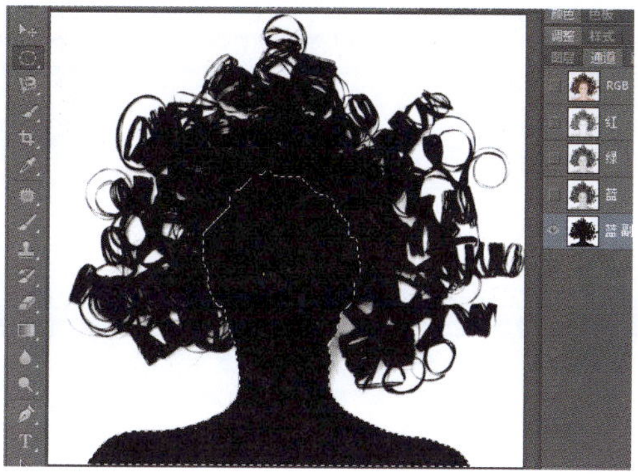

图 2-63　填充选区为黑色

步骤6：选区选择反向（快捷键"Ctrl+Shift+I"），用鼠标左键单击 RGB 通道，如图 2-65 所示（如果需要对头发进行细致处理，此时可以先单击选框工具，再单击属性栏中的"调整进行边缘"命令进行调整，如图 2-66 所示）。

步骤7：用移动工具将选区内的人拖动到另一张图像中，放在合适的位置，其效果如图 2-67 所示。

图 2-64 将通道作为选区载入

图 2-65 选区反向

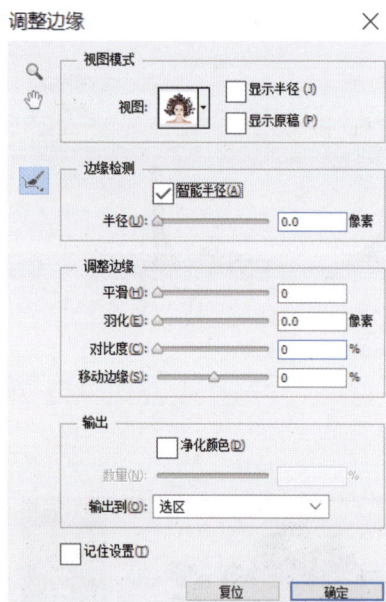

图 2-66 "调整边缘"命令

图 2-67 效果图

💡 小贴士

"调整边缘"命令是图像抠图中非常重要的辅助功能，能够帮助美工抠出更精准、精美的图片，具体属性、功能及操作效果可扫描二维码进行学习。

调整边缘功能

2. 通道抠图

通道还可以对火焰、烟花等进行抠图。火焰抠图前后效果如图 2-68、图 2-69 所示。具体操作步骤请扫描二维码进行学习。

通道抠图——火焰

图 2-68　火焰原图

图 2-69　抠图后的火焰效果图

🕐 **同步实操作业**

请运用通道技术完成图 2-70 中案例的抠图。

（a）毛发抠图案例

（b）烟花抠图案例

图 2-70　案例

✔ 任务 4　Photoshop 蒙版与滤镜

2.4.1　蒙版

图层蒙版是指给图层盖上一个特殊的盖罩，在保留图层不被破坏的情况下，让图层部分显示、部分不显示，在处理网站图像的过程中，当对图像的某一特定区域运用颜色变化、滤镜和其他效果时，应用图层蒙版的区域就会因受到保护和隔离而不被编辑。

蒙版

图层蒙版上只能使用三种颜色：白色（图层显示）、黑色（图层隐藏）和灰色（图层半透明）。

下面通过案例来学习图层蒙版的用法，操作步骤如下：

步骤1：打开案例图 A，如图 2-71 所示。

步骤2：打开案例图 B，如图 2-72 所示，使用魔棒工具 选中物品外侧的白色区域，并按"Ctrl+Shift+I"组合键，选中反向，选中产品，如图 2-73 所示。

图 2-71　案例图 A

图 2-72　案例图 B

步骤3：使用移动工具，将产品分别拖动到案例图 A 中右下角和左上角（或者使用组合键"Ctrl+C"复制抠出的选区，再进入案例图 A 使用组合键"Ctrl+V"粘贴选区），按组合键"Ctrl+T"将图像调到合适大小，合成后效果图如图 2-74 所示。

图 2-73　使用魔棒工具抠图

图 2-74　合成后效果图

步骤4：在图层面板中，选中图层 1，单击面板下方的"添加图层蒙版"按钮 ，在图层 1 后方出现白色的图层蒙版，如图 2-75 所示。

步骤5：在工具箱中选择渐变工具，并将前景色和背景色设置为白色／黑色，在渐变工具的属性栏中，选择径向模式，用渐变工具在右下角的产品上，从产品靠左侧向右侧拖出一条直线，让产品与背景呈现自然融合的效果，如图 2-76 所示。

步骤6：在图层面板中，选中图层 1，单击面板下方的"添加图层蒙版"按钮 ，在图层 1 后方出现白色的图层蒙版，如图 2-76 所示。

图 2-75　在图层 1 添加图层蒙版

图 2-76　添加图层蒙版后的效果图

步骤 7：在工具箱中选择渐变工具，并将前景色和背景色设置为白色 / 黑色，在渐变工具的属性栏中，选择径向模式，用渐变工具在左下角的产品上，从产品靠右侧向左侧拖出一条直线，让产品与背景呈现自然融合的效果，如图 2-77 所示。

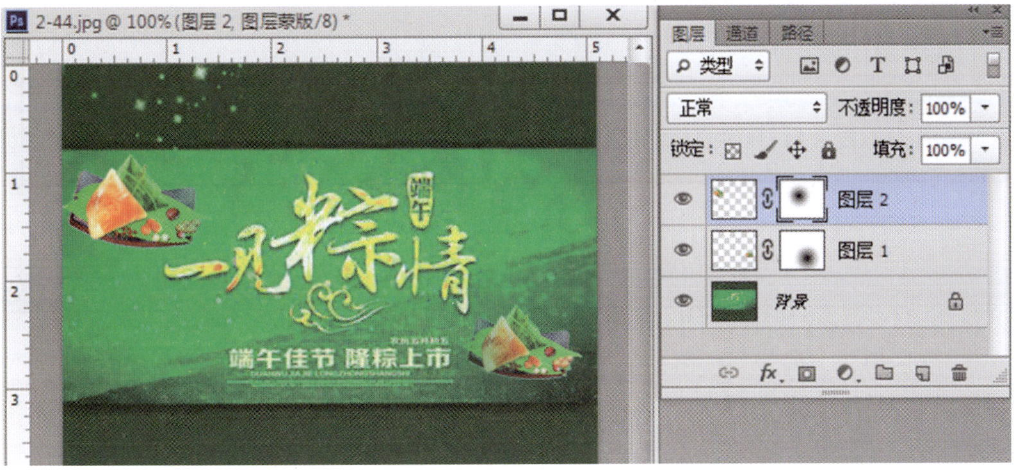

图 2-77　最终效果图

2.4.2　滤镜

滤镜是 Photoshop 中最神奇的功能之一，利用它可以创作出许多意想不到的图像效果，Photoshop CS6 中内置了很多滤镜，下面案例将使用"点状化"滤镜、"色调均化"命令、"反相"命令、图层混合模式、"动感模糊"滤镜，以及"色阶"命令为图像添加逼真的下雪场景。

操作步骤如下。

步骤 1：打开案例图，如图 2-78 所示。

步骤 2：单击"创建新图层"按钮 ，新建"图层 1"，并将其填充为白色，如图 2-79 所示。

图 2-78　案例图

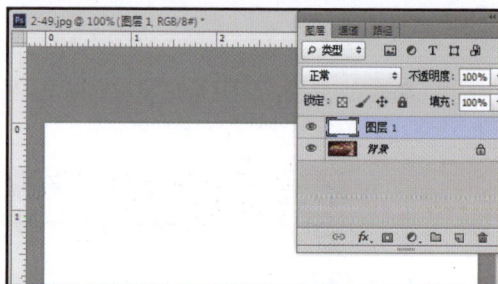

图 2-79　新建并填充图层

步骤 3：单击"滤镜→像素化→点状化"命令，在弹出的"点状化"对话框中设置"单元格大小"为 6，然后单击"确定"按钮，如图 2-80 所示。此时图像中会添加一些彩色的点，如图 2-81 所示。

图 2-80　"点状化"对话框

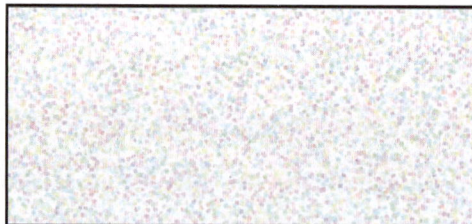

图 2-81　点状化效果

步骤 4：单击"图像→调整→色调均化"命令，改变点的大小和色彩，如图 2-82 所示。单击"图像→调整→阈值"命令，在弹出的"阈值"对话框中设置"阈值色阶"为 50，然后单击"确定"按钮，如图 2-83 所示。

图 2-82　色调均化图像

图 2-83　调整阈值

步骤 5：单击"图像→调整→反相"命令，将图像反相，即可得到白色的点，如图 2-84 所示。在"图层"面板中设置"图层 1"的图层混合模式为"滤色"，如图 2-85 所示。

图 2-84　反相图像

图 2-85　设置图层混合模式

步骤 6：单击"滤镜→模糊→动感模糊"命令，在弹出的"动感模糊"对话框中设置"角度"为 70 度，"距离"为 5 像素，然后单击"确定"按钮，如图 2-86 所示。此时，雪花整体有了动态效果，如图 2-87 所示。

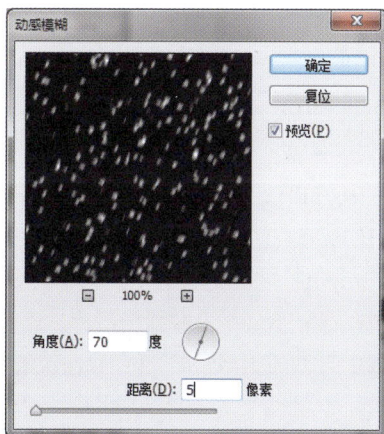

图 2-86　反相图像

图 2-87　设置图层混合模式

步骤 7：单击"图像→调整→色阶"命令，在弹出的"色阶"对话框中设置各项参数，然后单击"确定"按钮，如图 2-88 所示。改变雪花数量后，下雪特效更加逼真，如图 2-89 所示。

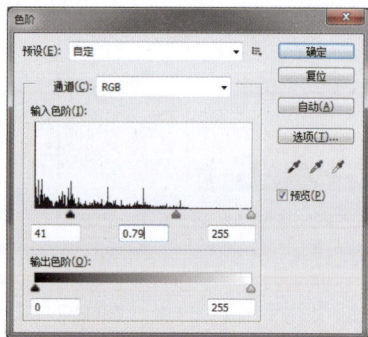

图 2-88 "色阶"对话框

图 2-89 效果图

同步阅读

Photoshop 简介

Photoshop 的主要设计师 Thomas Knoll 的爸爸 Glenn Knoll 是密歇根大学教授,同时也是一个摄影爱好者。他家地下室是一个暗房。他的两个儿子 Thomas 和 John 从小就跟着爸爸在暗房中玩耍,但 John 似乎对当时刚刚出现的计算机更感兴趣。此后,Thomas 也迷上了计算机,并在 1987 年购买了一台苹果计算机(Mac Plus)用来帮助自己完成博士论文。

Thomas 发现当时的苹果计算机无法显示带灰度的黑白图像,因此他自己编写了一个程序——Display。而他的兄弟 John 这时在星球大战导演 Lucas 的电影特殊效果制作公司 Industry Light Magic 工作,对 Thomas 的程序很感兴趣。两兄弟在此后一年多的时间内,不断把 Display 修改为功能更强大的图像编辑程序,经过多次改名后,在一个展会上他们接受一个参展观众建议把程序改名为 Photoshop。此时的 Display/Photoshop 已经有 Level、色彩平衡、饱和度等调整功能。此外,John 又编写了一些程序——后来成为了插件(Plug-in)的基础。

他们第一个成功的商业销售是把 Photoshop 交给一个扫描仪公司搭配卖,名字叫做 Barneyscan XP,版本是 0.87。与此同时,John 继续寻找其他买家,包括 SuperMac 和 Aldus,但都没有成功。最终他们找到了 Adobe 公司的 Russell Brown。Adobe 的艺术总监 Russell Brown 那时已经在研究是否考虑另外一家公司 Letraset 的 ColorStudio 图像编辑程序。看过 Photoshop 以后他认为 Knoll 兄弟的程序更有前途。1988 年 7 月他们口头约定合作,并在次年 4 月签署法律合同。

合同里面的一个关键词是 Adobe 获取 Photoshop "license to distribute",就是获权发行而不是买断所有版权。这为后来 Knoll 兄弟的"钱"途奠定了基础。

经过 Thomas 和其他 Adobe 工程师的努力,Photoshop1.0.7 版本于 1990 年 2 月正式发行,John Knoll 也参与了一些插件的开发。Photoshop 的第 1 个版本只有一个 800KB 的软盘(Mac)。

在 20 世纪 90 年代初,美国的印刷工业发生了比较大的变化,印前(pre-press)计算机化开始普及。Photoshop 在版本 2.0 增加的 CYMK 功能使得印刷厂开始把分色任务交给用户,一个新的行业——桌上印刷(Desktop Publishing,DTP)由此产生。

Idea

◥ 同步实训

实训 1 　制作七夕首页宽屏海报

实训目的

掌握应用图层混合模式的方法；掌握应用调整图像的方法。

✔ 实训内容与步骤

步骤 1：打开案例图，如图 2-90 所示。

图 2-90 　案例图

步骤 2：打开光斑素材文件，如图 2-91 所示。使用移动工具将光圈素材拖入案例图中，并在"图层"面板中将"光斑"的"不透明度"设置为 50%，效果如图 2-92 所示。

图 2-91 　光斑素材

图 2-92 　加入光斑后的效果图

步骤 3：打开素材文件，如图 2-93 所示。使用移动工具将光效素材拖入案例图中，按"Ctrl+T"组合键调整光效素材大小，并将其放在案例图窗口中的合适位置，如图2-94所示。

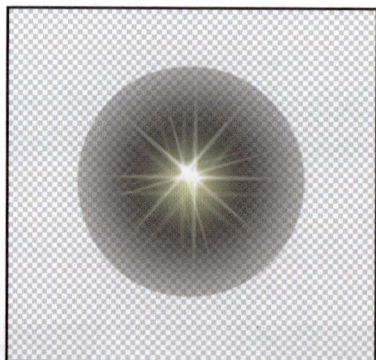

图2-93　光效素材

图2-94　加入光效素材后的效果图

步骤4：在"图层"面板中将"图层1"的图层混合模式改为"滤色"，如图2-95所示。

图2-95　设置图层混合模式后的效果图

步骤5：按住Alt键，对光斑进行多次复制，并调整大小，将其放到案例图中合适的位置，如图2-96所示。

步骤6：合并所有可见图层，如图2-97所示。

图 2-96　增加多个光斑

图 2-97　合并图层后的效果图

步骤 7：按住 "Ctrl+M" 组合键打开 "曲线" 对话框，如图 2-98 所示，调整图像整体对比度，最终效果如图 2-99 所示。

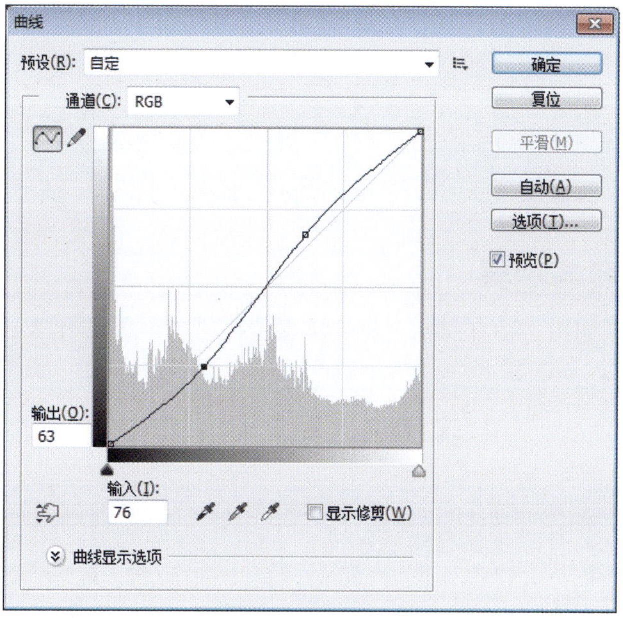

图 2-98　"曲线" 对话框

图 2-99　最终效果图

✔ 实训提示

使用移动工具拖入光效素材文件，使用图层混合模式制作特殊视觉效果，学会使用曲线调整图层调整图像整体对比度。

💡 **思考与练习**

（1）Photoshop 软件中常用的图层混合模式有哪些？

（2）"曲线"命令是 Photoshop 中最常用的色调调整命令，将曲线调整到什么形态可使图像变亮？将曲线调整到什么形态可使图像变暗？将曲线调整为什么形态可使图像亮处更亮，暗处更暗，从而增强图像的对比度？

实训 2　美图之磨皮

🎯 **实训目的**

掌握模糊滤镜的使用方法；灵活运用修图工具（污点修复画笔工具 / 修补工具等）的使用；学会蒙版控制图像的显示功能。

✔ 实训内容与步骤

磨皮前后效果如图 2-100 所示，具体步骤请扫描二维码进行学习。

美图之磨皮

实训 3　导航栏制作

🎯 **实训目的**

掌握矩形工具、渐变工具、文字工具的使用方法，能制作出网页常用的导航栏。

图 2-100　磨皮前后效果对比

✔ 实训内容与步骤

导航栏制作效果如图 2-101 所示，具体步骤请扫描二维码进行学习。

导航栏制作

图 2-101　导航栏效果图

📌 项目小结

图片、配色、布局和文字是影响网店美工设计的 4 个主要因素，在网店装修和产品描述时要对这些内容做深入了解，为设计出更有吸引力的网店装修作品，本项目任务 1 在让读者了解 Photoshop CS6 基础知识和基本操作的基础上，掌握软件的文字特效功能。任务 2 让读者掌握基本的修图工具，如污点修复画笔工具、修补工具、仿制图章工具，再学会用色阶工具、曲线工具、色相/饱和度工具对图像进行色彩调整。一个好商品详情页是一个店铺的灵魂，每个商品详情页都包含文字信息，为了让主题文字更富艺术感和设计感，可以在设计主题文字时使用一些简单的创意文字来装点。任务 3 在读者了解美工常用抠图工具的基础上，掌握简单图像的抠图工具，如矩形选框工具、魔棒工具、快速选择工具，钢笔工具。同时，掌握复杂图像的抠图工具，如通道工具等。任务 4 主要介绍蒙版和滤镜。蒙版和通道是 Photoshop 中十分强大的功能，通道是 Photoshop 的核心，蒙版是 Photoshop 的灵魂，它们是 Photoshop 用户从初级向中级迈进的重要门槛。在蒙版、通道的作用下，Photoshop 中的各项调整功能才能真正发挥到极致；而滤镜则是 Photoshop 中最神奇的功能，利用它可以创作出许多意想不到的图像效果。

同步测试

一、单项选择题

1. 人们在计算机屏幕上看到的图像，其实是由许多细微的小方块组成的，这些小方块称为（　　）。

A. 像素　　　　　　B. 马赛克　　　　　　C. 色彩方格　　　　　　D. 点

2. 图像分辨率惯用的表达方式是 ppi，ppi 代表（　　）。

A. 每公寸所包含的像素量　　　　　　B. 每公分所包含的像素量

C. 每英寸所包含的像素量　　　　　　D. 每厘米所包含的像素量

3. 使用（　　）可以快速建立矩形选区。

A. 矩形选框工具　　B. 套索工具　　　　C. 魔棒工具　　　　　D. 钢笔工具

4. 使用（　　）可以选取某一颜色相近的图像区域。

A. 磁性套索工具　　B. 套索工具　　　　C. 魔棒工具　　　　　D. 钢笔工具

5. 执行（　　）指令，可以调整图像色彩的明暗度。

A. 色阶　　　　　　B. 替换颜色　　　　C. 曝光度　　　　　　D. 去色

6. 以下对 Web 图像格式的叙述错误的是（　　）。

A. GIF 是基于索引色表的图像格式，它可以支持上千种颜色

B. JPEG 适合于诸如照片之类的具有丰富色彩的图像

C. JPEG 和 GIF 都是压缩文件格式

D. GIF 支持动画，JPEG 不支持动画

7. 在图像像素的数量不变时，增加图像的宽度和高度，图像分辨率会（　　）。

A. 降低　　　　　　　　　　　　　　B. 增高

C. 不变　　　　　　　　　　　　　　D. 不能进行这样的更改

8. 在"历史记录"面板中，删除某一项历史状态时，如果要使其后的历史状态不被删除，应该在"历史记录选项"对话框中选择（　　）复选框。

A. 自动创建第一幅快照　　　　　　　B. 存储时自动创建新快照

C. 允许非线性历史记录　　　　　　　D. 默认显示新快照对话框

9. （　　）是一种比较特殊的图层，这类图层主要用来控制色调和色彩的调整。

A. 普通图层　　　　B. 蒙版图层　　　　C. 调整图层　　　　　D. 填充图层

10. Alpha 通道最主要的用途是（　　）。

A. 保存图像色彩信息　　　　　　　　B. 保存图像未修改前的状态

在线测评 2

C. 用来存储和建立选择范围　　　　　　　　D. 风格化图像选区

二、多项选择题

1. 下列工具能直接建立选区的有（　　　）。

A. 选框工具　　　　B. 裁切工具　　　　C. 文字工具　　　　D. 文字蒙版工具

2. 选区可以从（　　　）转化或载入。

A. 图层　　　　B. 通道　　　　C. 蒙版　　　　D. 路径

3. 关于路径的叙述正确的是（　　　）。

A. 是一种特殊的矢量图　　　　　　　　B. 可以直接被打印出来

C. 路径可以转化成选区　　　　　　　　D. 可以对路径进行填充

4. 在对一幅人物图像执行了模糊、杂点等多个滤镜效果后，如果想恢复人物图像的局部，如脸部的原来样貌，下面可行的方法有（　　　）。

A. 采用仿制图章工具

B. 配合"历史记录"面板使用橡皮工具

C. 配合"历史记录"面板使用历史记录画笔

D. 使用菜单中的重做或后退命令

三、简答题

1. 简述什么是图像分辨率？

2. 简述目前网络中最常用的图像格式有哪几种？它们为什么会被广泛应用？

3. 简述图像色彩调整的命令主要包括哪些。

4. 简述什么是 RGB 色彩模式？

5. 简述什么是图层样式？

项目3 巧用光影魔术手与图片空间

重点难点

光影界面及其基本操作；自动美化与手动美化；文字特效、水印、边框；抠图、批处理；图片空间的基本功能；图片空间的多样功能。

项目导图

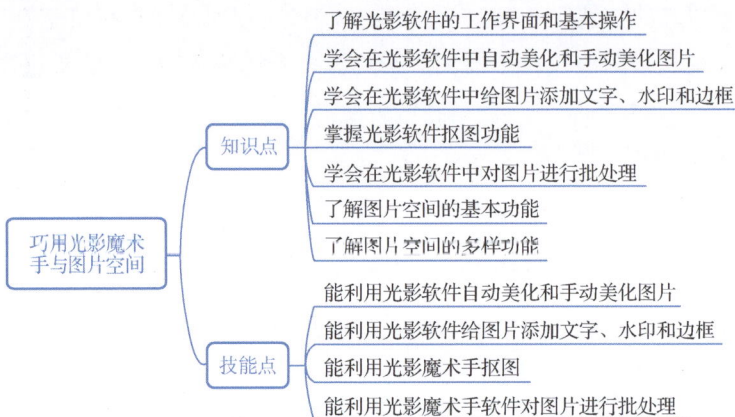

引例

小张是淘宝的小店家，人手有限，店里的很多工作都要亲力亲为。小张的一批新产品要上架，且已请人专门对这些产品进行图片拍摄，接下来要对这些产品图片进行美化。小张听朋友介绍说"光影魔术手"是款针对图像画质进行改善提升及效果处理的软件，它简单、易用，不需要任何专业的图像技术，就可以制作出专业胶片摄影的色彩效果，且其批量处理功能非常强大，是摄影作品后期处理、图片快速美容、数码照片冲印整理时必备的图像处理软件，能够满足绝大部分人照片后期处理的需要。于是小张就下载并安装了光影魔术手软件，想自己学习这款软件的使用方法并学会处理产品图片。

引例分析

光影魔术手简单易用的图片处理功能得到了很多人的喜欢。本项目从实用角度循序渐进地引领小张快速利用光影魔术手软件自动美化和手动美化图片、利用光影魔术手软件给图片添加文字、水印和边框、利用光影魔术手抠图、利用光影魔术手软件对图片进行批处理。

任务1 基本操作与美图

3.1.1 光影界面及其基本操作

1. 光影魔术手软件工作界面

光影魔术手（简称"光影"）是能智能化地对数码照片进行美化加

"光影"界面
及其基本操作

工的图像处理软件，相比 PS 类专业图像处理软件而言，光影具有简单、易用的特点，即使非专业图像技术人员，也可以利用它快速制作出各种精美图片。光影魔术手软件的工作界面如图 3-1 所示，该界面分为工具栏、右侧栏、图像编辑区及状态栏 4 部分。

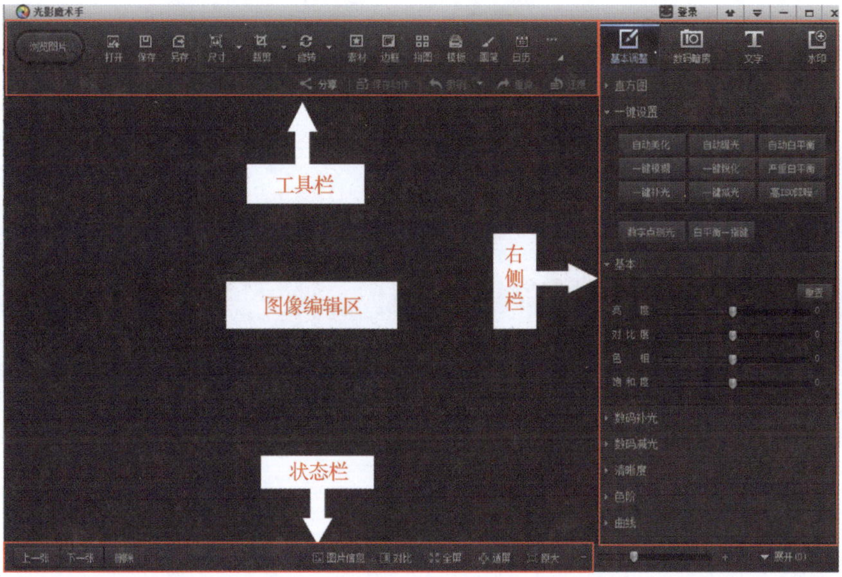

图 3-1 光影软件工作界面

（1）工具栏。界面上方部分是工具栏，如打开、保存、尺寸、裁剪等编辑选项，以及素材、边框、拼图、抠图、批处理、排版等多项功能（实用的工具菜单）。

（2）右侧栏。界面右侧部分是较高级的设置选项，主要用来对图片进行美化，包括基本调整、数码暗房效果、文字设置、水印设置 4 个主要选项。

（3）图像编辑区。界面中心部分为图像编辑区，是图像进行各种加工处理的窗口，所有的工作指令和工具选项等都在这里展示和确认（所有的照片美化、修饰和编辑任务也都在这个区域里处理和完成）。

（4）状态栏。界面下方的状态栏可以查看图片信息，对加载进去的图片可以进行放大、缩小、全屏查看等操作，插入多张图片时可以再次进行切换。

2. 光影魔术手软件的基本操作

（1）浏览照片

光影魔术手软件不但可以编辑图片，还可以方便地浏览图片。具体操作为：单击窗口上方工具栏中的"浏览图片"按钮，进入图片浏览界面，如图 3-2 所示，在窗口右下方显示的是被浏览图片。利用界面右下方的"缩略图"选项，可以控制浏览图片的大小。

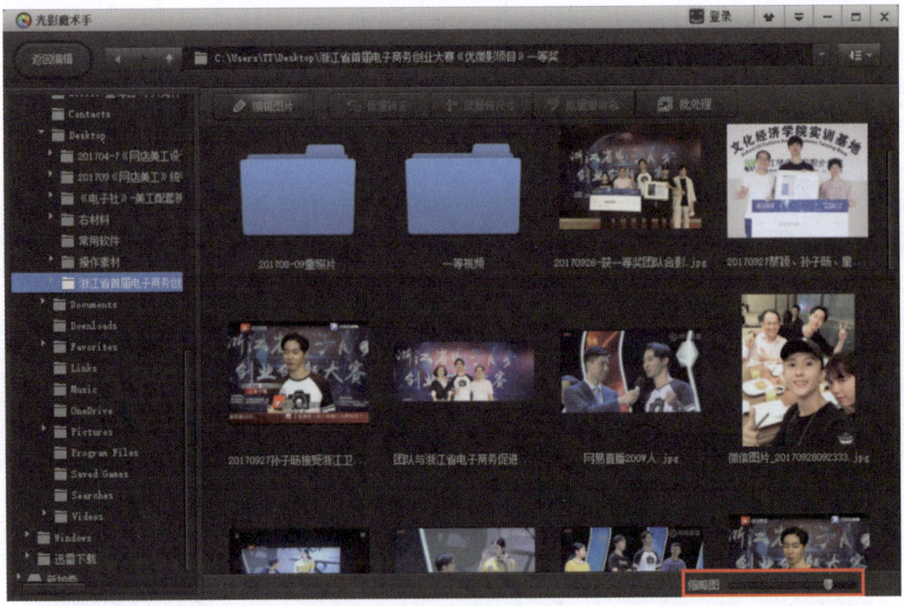

图 3-2　图片浏览界面

在编辑状态下进行图片浏览时，也可以通过按"PageUp"键或"←"键，打开当前文件夹中的前一张图片；而按"PageDown"键或"→"键，则可打开当前文件夹中的后一张图片进行浏览。

（2）打开照片

进入光影魔术手软件后，在编辑状态下，单击界面上方工具栏中的"打开"按钮或按"Ctrl+O"组合键，就可以通过弹出的窗口选择文件夹中要打开的图片，如图 3-3 所示。

图 3-3　打开照片

（3）保存照片

在编辑状态下，单击界面上方工具栏中的"保存"按钮或按"Ctrl+S"组合键，就可以通过弹出的窗口，进行照片的大小修改、保存和文件质量保存等操作，如图 3-4 所示。当然，也可以单击旁边的"另存"按钮，将文件以其他名字命名或转存到其他文件夹中。

图 3-4　保存照片

3.1.2　自动美化与手动美化

在光影魔术手软件右侧栏中包含了很多的基本调整功能，如直方图、一键设置、基本、数码补光、数码减光、清晰度等，其中"一键设置"提供了自动美化、自动曝光、自动白平衡、一键模糊、一键锐化等能对照片的明亮程度、对比度、色彩和清晰度等进行自动调整的智能化工具。这些工具操作起来非常方便，效果也很明显，适合进行要求不高的图片处理工作。如图 3-5 所示为用自动美化对图片处理前后的对比图。

图 3-5　自动美化前后对比图

为了对图片处理效果进行更加精确的调整，可以使用手动美化调整美图。在右侧栏下方，选择基本功能处理对话框，可以对图片的亮度、对比度、色相、饱和度 4 个参数进行手动设置，自主调整所需要的各种图片效果。其中，调整亮度可以改变图片整体明亮程度；调整对比度可以加大照片亮部与暗部的反差；调整色相可以改变图片整体色彩面貌；调整饱和度可以改变图片颜色鲜艳度。调整了色相和饱和度参数后，可发现图片的色相与原图明显不同，如图 3-6 所示。

图 3-6　手动美化调整色相 / 饱和度前后对比图

✔ 任务 2　文字特效、水印与边框

3.2.1　文字特效

在光影魔术手软件中可以在图片上面添加文字对商品进行文字说明，让顾客了解

商品功能，增加客户的购买欲望。具体操作为：打开一张如图3-7所示图片，选择右侧栏中的"文字"选项。单击进入"文字"面板，在跳出的"文字"对话框的灰色栏里输入文字内容，同时可以在灰色栏下面的设置里调整字号、颜色、字体和样式等，如图3-8所示。

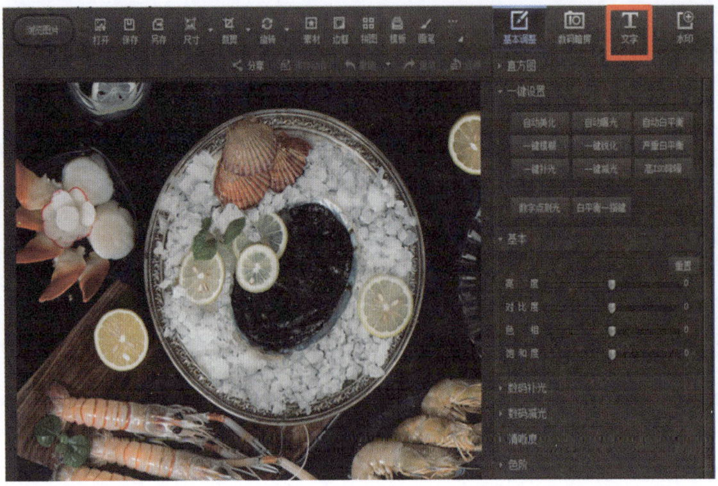

图3-7　添加文字选项

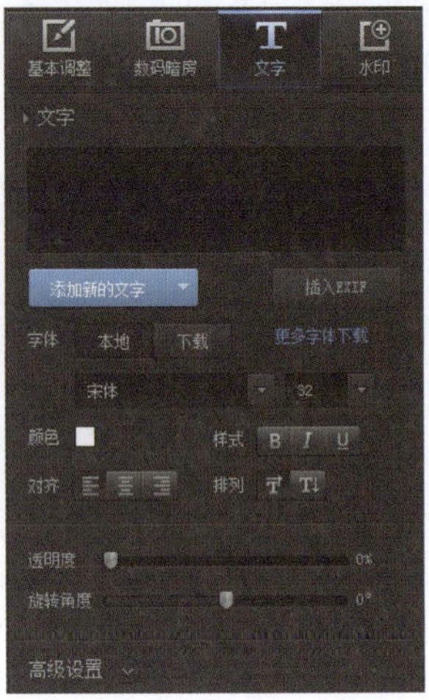

图3-8　"文字"对话框

在文字栏里输入文字后，图片上就出现了文字基本效果，如图3-9所示。为使文字更具艺术效果，可以进一步为文字添加发光、描边、阴影等效果，以增加文字的吸引力，如图3-10所示。

图3-9　文字基本效果

图3-10　文字艺术效果

3.2.2　水印

所谓水印是向数据多媒体（如图像、声音、视频信号等）中添加某些数字信息以达到文件真伪鉴别、版权保护等功能。光影魔术手软件中为图片添加水印可以在"画笔"工具里设置，也可以直接单击右侧栏里的"水印"按钮，然后单击"添加水印"按钮，弹出"添加水印"对话框，如图3-11所示。

图 3-11　"添加水印"对话框

选择好水印图片后，就可以看到在图片中间以及右侧（最近使用水印）同时出现一大一小两张相同的图片。可在原图的右上角和正中那个玉产品上添加水印图片。对于正中玉产品上的水印图片，可将其融合模式设置为"柔光模式"，透明度设置为36%，如图 3-12 所示。

在编辑框中单击鼠标右键，在弹出的对话框中，可以选择"合并水印"或"合并所有水印"，使原图与水印锁定，如图 3-13 所示。原图添加水印后的最终效果如图 3-14 所示。

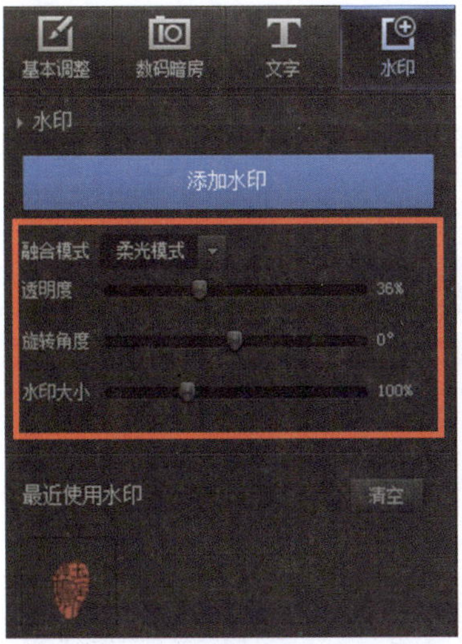

图 3-12　调整水印大小

图 3-13　合并水印

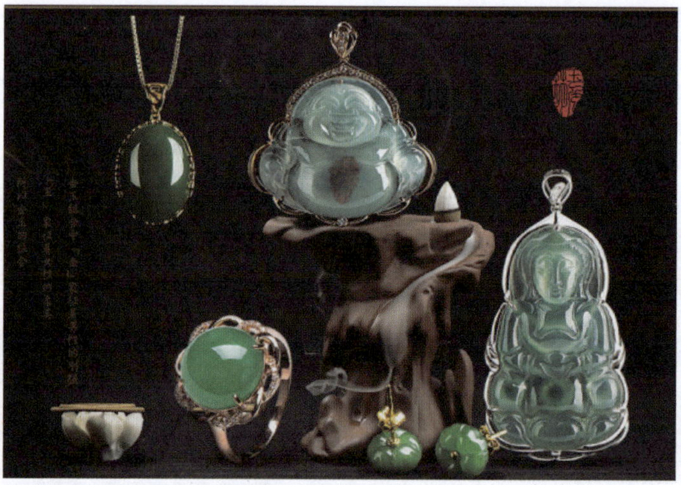

图 3-14　效果图

“光影”文字特效与水印

3.2.3　边框

商品图片经过后期美化处理后，有些图片为了达到更好的艺术效果，可以给它们添加一个有特色的边框。光影魔术手软件中有多种图片边框：轻松边框、花样边框、撕边边框和多图边框，如图 3–15 所示。

在此可以根据实际情况选择其中一种边框形式。图片加框的具体操作为：选中“轻松边框”选项，跳出的新窗口右侧有很多素材可以使用，选择轻松边框中的一种，单击“确定”按钮，如图 3–16 所示。

同样也可以选择“花样边框”和“撕边边框”中的一种边框形式，得到花样边框和撕边边框效果，如图 3–17 和图 3–18 所示。

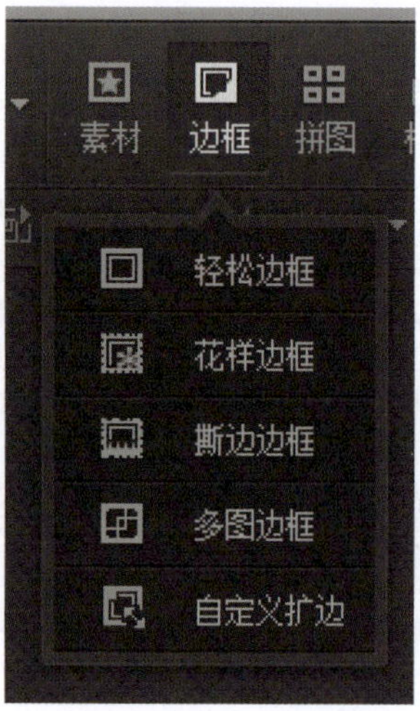

图 3-15　图片边框

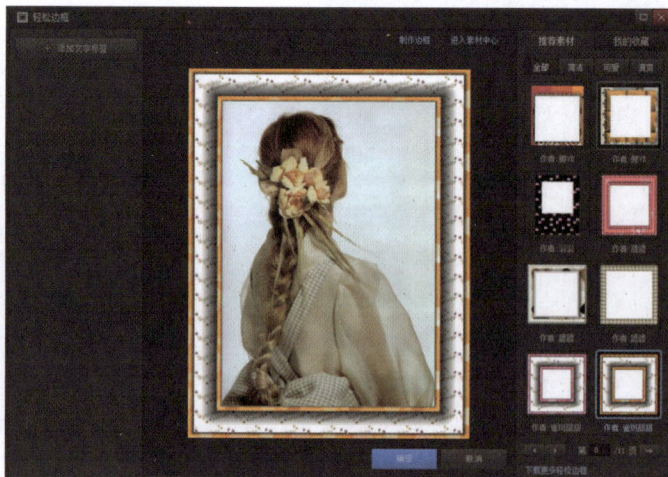

图 3-16　轻松边框

图 3-17　花样边框

图 3-18　撕边边框

　　另外还可以选择"多图边框"效果，并从中挑选一种边框形式，然后单击左侧的"添加图片"按钮，加入更多的图片，就得到了一个完成的多图边框效果，如图 3-19 所示。

光影拼图

图 3-19　多图边框

✔ 任务 3 抠图与批处理

3.3.1 抠图

光影魔术手软件有抠图处理的功能，利用抠图功能可以从图片中抠出我们所需要的商品影像。光影魔术手提供了自动抠图、手动抠图和形状抠图三种抠图功能。其中，用得较多的是自动抠图；手动抠图的效果并不理想；形状抠图用得相对较少，多用在比较规整的矩形和圆形两种图片上。下面以自动抠图为例，讲述如何使用光影魔术手软件进行抠图。

打开案例图（见图 3-20），在"抠图"菜单中选择"自动抠图"选项。

光影抠图

图 3-20 自动抠图界面

打开"自动抠图"界面，然后单击"选中笔"或者"删除笔"。在案例图中需要保留的地方用"选中笔"画线（绿色），在不需要保留的地方用"删除笔"画线（红色），如图 3-21 所示。

自动抠图完毕后，选择"替换背景"选项，就会出现新的窗口，可以选择 4 种不同形式的背景处理方式：透明背景、图片背景、纯色背景、模糊背景。在此，我们选择透明背景，效果如图 3-22 所示。

图 3-21 画线选中商品

图 3-22 最终效果图

3.3.2　批处理

批处理就是对某对象进行批量处理，是一个效率很高的操作，它利用一个动作可同时对很多图片进行同样的操作处理，光影魔术手软件中也提供了批处理功能。

具体操作如下。

单击进入"批处理"对话框，单击"添加"按钮，选择打开多张图片，如图 3-23 所示。

图 3-23　"批处理"对话框

接着，单击"下一步"按钮进入动作设置，也就是选择模板样式。在此，可以选择一种或者多种动作。光影魔术手软件提供了很多批处理动作选项，如调整尺寸、添加边框、添加文字、添加水印等。我们选择给 5 幅图片同时添加边框，单击"添加边框"选项，进入"添加边框"对话框，选择"胶片边框"，单击"确定"按钮，如图 3-24 所示。

图 3-24　选择动作模板

单击"下一步"按钮，进入输出设置，在这里选择输出路径、文件名格式及其他设置，然后单击"开始批处理"按钮就可以了，如图 3-25 所示。

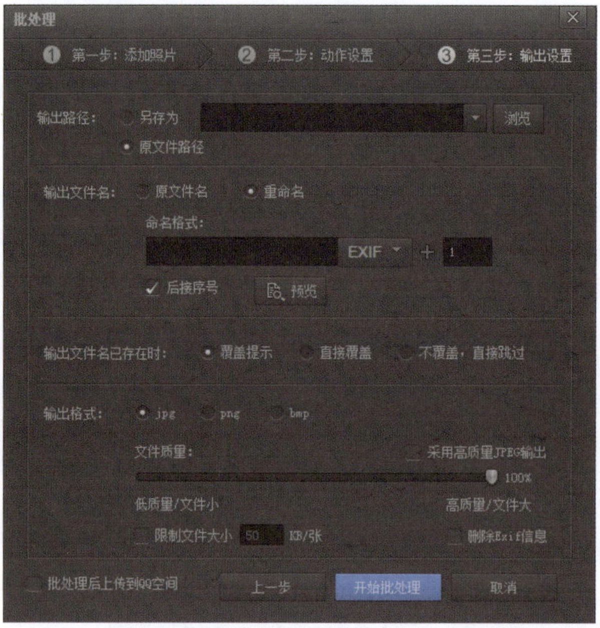

图 3-25　批处理设置

批处理完成后，单击"完成"按钮，就可以到保存的目录下查看批处理的效果了，如图 3-26 所示。

批处理完成以后原图就一次性都加上了边框，效果如图 3-27 所示。

图 3-26　批处理完成

光影批处理

图 3-27　批处理效果图

✔ 任务 4　图片空间的使用

3.4.1　图片空间的基本功能

淘宝图片空间拥有店铺图片自动批量替换，查看图片在店铺中的使用情况，按宝贝、图片名称搜索图片，图片搬家，自动更新链接，批量复制、移动、删除图片，1 次可批量上传 200 张图片等功能。

1. 上传图片

淘宝图片空间常用的上传方式有两种：通用上传和高速上传。

（1）通用上传

通用上传的操作步骤如下。

步骤 1：在淘宝网卖家后台界面顶端单击"卖家中心"按钮，如图 3-28 所示。

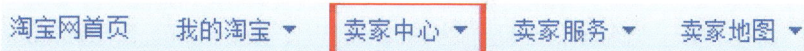

淘宝网首页　　我的淘宝 ▼　　卖家中心 ▼　　卖家服务 ▼　　卖家地图 ▼

图 3-28　后台顶端界面

步骤 2：单击页面左侧菜单中"图片空间"选项卡即可进入，如图 3-29 所示。

步骤 3：进入"图片空间"后台选择"上传图片"，再单击"通用上传"中的"点击上传"按钮，如图 3-30 所示。

图 3-29　单击"图片空间"选项卡　　　　图 3-30　通用上传入口

步骤 4：在弹出的新对话框内，选择需要上传的图片，单击"打开"按钮，如图 3-31 所示。

步骤 5：单击"打开"按钮之后，系统自动上传，上传成功界面如图 3-32 所示。

图 3-31　选择需上传的图片

图 3-32　通用上传成功界面

（2）高速上传

高速上传的操作步骤如下。

步骤1：进入"图片空间"后台选择"上传图片"，再单击"高速上传"中的"点击上传"按钮，如图 3-33 所示（如果是第一次使用，需要下载安装高速上传控件）。

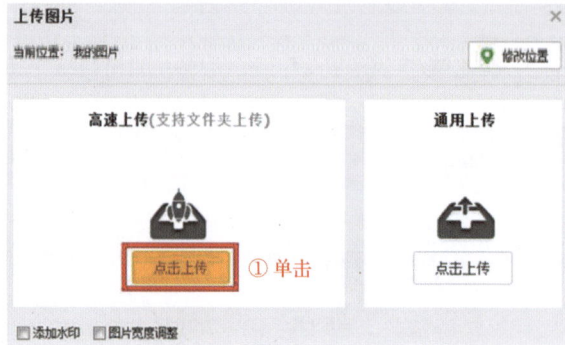

图 3-33　高速上传入口

步骤2：在弹出的对话框内，根据路径找到需要上传的图片或图片文件夹，进行勾选，单击"选好了"按钮，如图 3-34 所示。

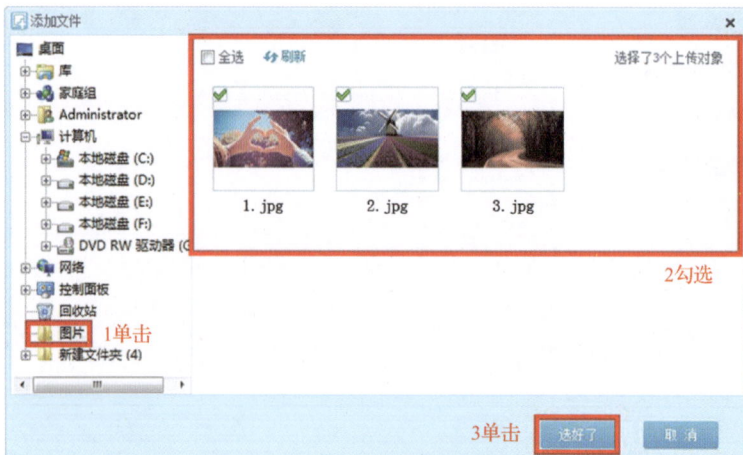

图 3-34　选择需要上传的图片

步骤 3：选好图片或图片文件后进入"上传文件"对话框。在此处上传的时候请注意，如果勾选"自动压缩以节省空间"复选框，图片宽度默认为 640 像素，从而会影响图片的尺寸。因此，这里需要取消勾选，单击"立即上传"按钮，完成高速上传操作，如图 3-35 所示。

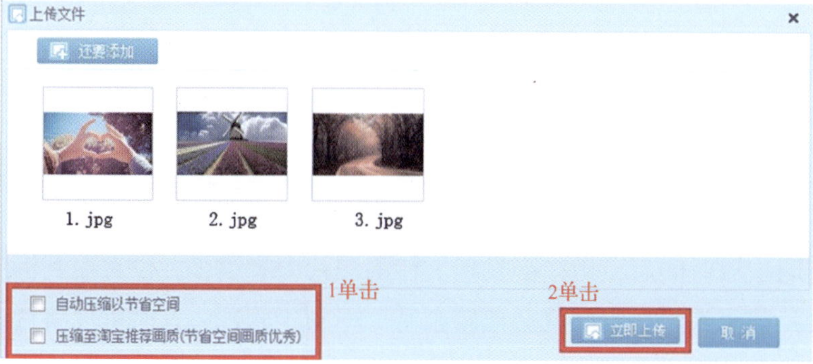

图 3-35　高速上传操作

图片上传和
目录管理

2. 目录管理

在淘宝图片空间中，图片排序方式分为两种：图标排序方式和列表排序方式。

（1）图标排序方式

相对于列表排序方式，图标排序方式的显示图更直观、更方便，比较适合新手使用。进入"图片空间"后台，单击"图片管理"按钮，然后单击"切换到大图"按钮，如图 3-36 所示。

图 3-36　图标排序

（2）列表排序方式

相对于图标排序方式，列表排序方式更容易观察图片的类型、尺寸、大小和上传日期，建议在删除图片时使用列表排序方式。

进入"图片空间"后台，先单击"图片管理"按钮，再单击"切换到列表"按钮，如图 3-37 所示。

图 3-37　列表排序

3. 空间瘦身

在使用图片空间一段时间后，用户会发现上传的图片中有很多并没有用到淘宝店铺中。如果无用图片累积太多，空间就会比较杂乱，不利于管理，这时可以将这些暂时用不到的图片找出来，删除掉。

在删除之前，先要了解图片的引用关系。淘宝图片空间被使用的图片右上方会显示"引"标记，这就说明这些图片已被店铺引用，没有"引"标记的图片就是没有用到店铺中的，可以选择删除，以节省空间容量进行瘦身。

查看未引用图片的操作步骤如下。

步骤 1：进入"图片空间"后台，先单击"图片管理"按钮，再单击"高级搜索"按钮，选择"搜索类型"中的"未引用"选项，单击"搜索"按钮，如图 3-38 所示。

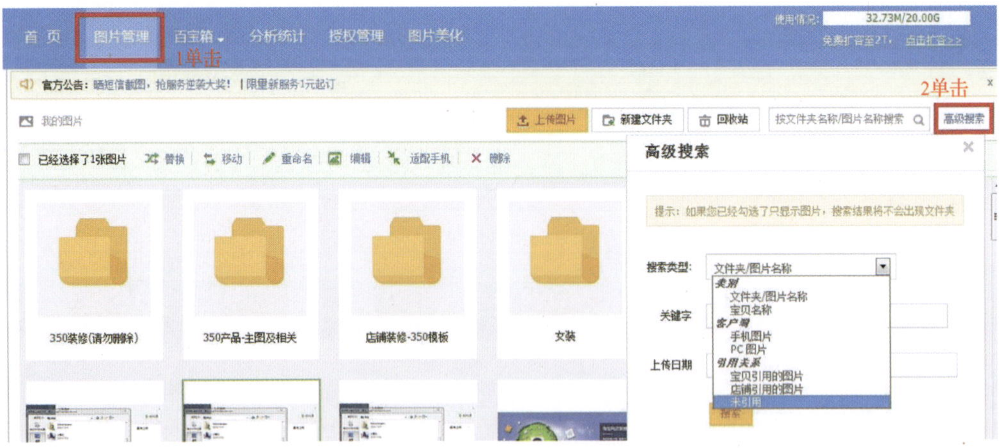

图 3-38　选择"未引用"选项

步骤 2：按住 Ctrl 键，选择要删除的图片，单击"删除"按钮，即可删除图片，如图 3-39 所示。

图 3-39 删除未引用图片

4. 回收站的妙用

图片空间中的图片被删除后，会在回收站保留 7 天，之后系统就会自动清除这些图片。回收站内的图片不占用空间的容量，在 7 天内可以还原回收站内的图片。

还原已删除图片的操作步骤如下。

步骤 1：进入"图片空间"后台，单击"图片管理"中的"回收站"按钮，如图 3-40 所示。

图 3-40 单击"回收站"按钮

步骤 2：按住 Ctrl 键，选择要还原的图片，单击"还原"按钮，已删除的图片就可以被还原了，如图 3-41 所示。

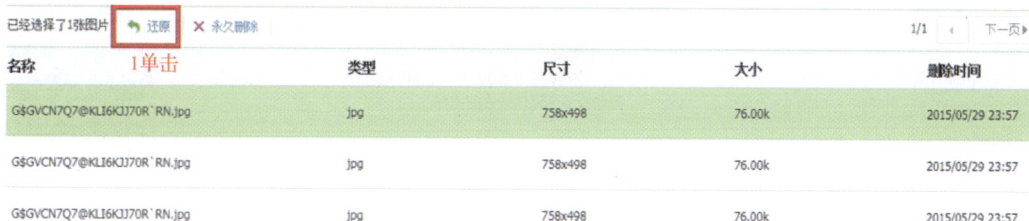

图 3-41 还原已删除的图片

3.4.2 图片空间设置水印功能

对于网店卖家来说，图片的防盗工作是很重要的，如何才能快速地对空间里的图片加上水印呢？可在淘宝图片空间中的百宝箱里使用水印设置功能。

水印设置的操作步骤如下。

步骤1：进入"图片空间"后台，单击"百宝箱"中的"设置水印"按钮，如图3-42所示。

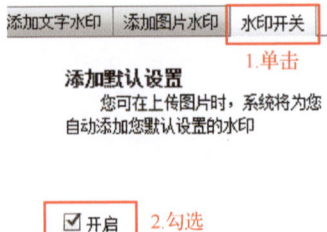

图 3-42 "设置水印"按钮

步骤2：单击"设置水印"按钮后，会出现如图3-43所示界面，单击"添加文字水印"选项卡，再设置水印文字、字体、字号、透明度、样式、颜色、基准点、位置等参数，最后单击"保存"按钮，完成保存设置。

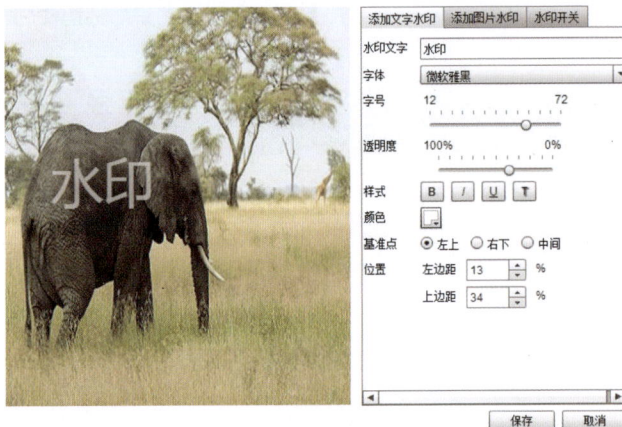

图 3-43 "添加文字水印"界面

步骤3：先单击"水印开关"按钮，再勾选"开启"水印效果按钮，如图3-44所示。

图 3-44 勾选"开启"水印按钮

图片空间
水印设置

步骤4：上传需要的图片到图片空间，上传成功后就会显示带水印的图片。

同步阅读

光影魔术手特色功能介绍

1. 拥有强大的调图参数

光影魔术手软件拥有自动曝光、数码补光、白平衡、亮度对比、饱和度、色阶、曲线、色彩平衡等一系列非常丰富的调图参数。最新开发的版本对 UI 界面进行了全新设计，让用户拥有更好的视觉感受，且操作更为流畅、简单。使用者无须 PS 也能调出完美的光影色彩。

2. 丰富的数码暗房特效

还在羡慕他人多变的照片风格吗？没关系，光影魔术手拥有多种丰富的数码暗房特效，如 Lomo 风格、背景虚化、局部上色、褪色旧相、黑白效果、冷调泛黄等，有助于用户轻松制作出彩的照片。反转片效果是光影魔术手最重要的功能之一，可达到专业的胶片效果。

3. 海量精美边框素材

"光影"软件可给照片加上各种精美的边框，轻松制作个性化相册。除了软件精选自带的边框外，更可在线下载光影迷们自己制作的优秀边框。

光影论坛提供海量边框下载；包括轻松边框、花样边框、撕边边框、多图边框等。

4. 随心所欲的拼图

光影魔术手拥有自由拼图、模板拼图和图片拼接三大模块，为用户提供多种拼图模板和照片边框选择。独立的拼图大窗口，集合各种美好瞬间，可与家人和朋友分享。

5. 便捷的文字和水印功能

文字水印可随意拖动操作，横排、竖排、发光、描边、阴影、背景等各种效果，让文字在图像上更加出彩，更可保存为文字模板供下次使用。多种混合模式让水印更加完美！

6. 图片批量处理功能

充分利用 CPU 的多核，快速批量处理海量图片。用户可以批量调整尺寸，加文字、水印、边框以及各种特效，还可以将一张图片上的历史操作保存为模板后，一键应用到所有图片上。

同步实训

实训　光影魔术手图片处理

实训目的

认识"光影魔术手"图片处理软件，练习多种图像处理技术，能熟练掌握光影魔术手软件的使用方法。

实训内容与步骤

步骤 1：打开案例图，如图 3-45 所示。

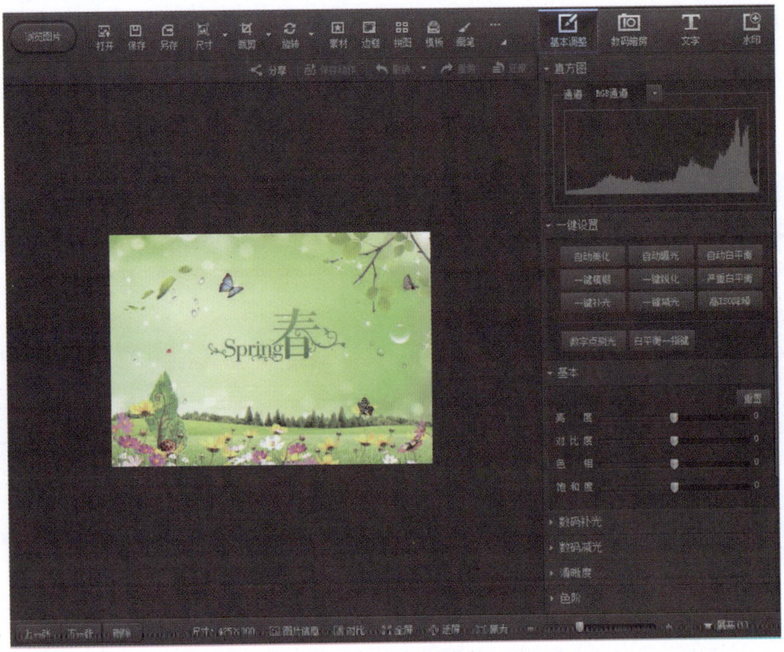

图 3-45　案例图

根据自己的爱好调整图片的色彩和对比度等，效果如图 3-46 所示。

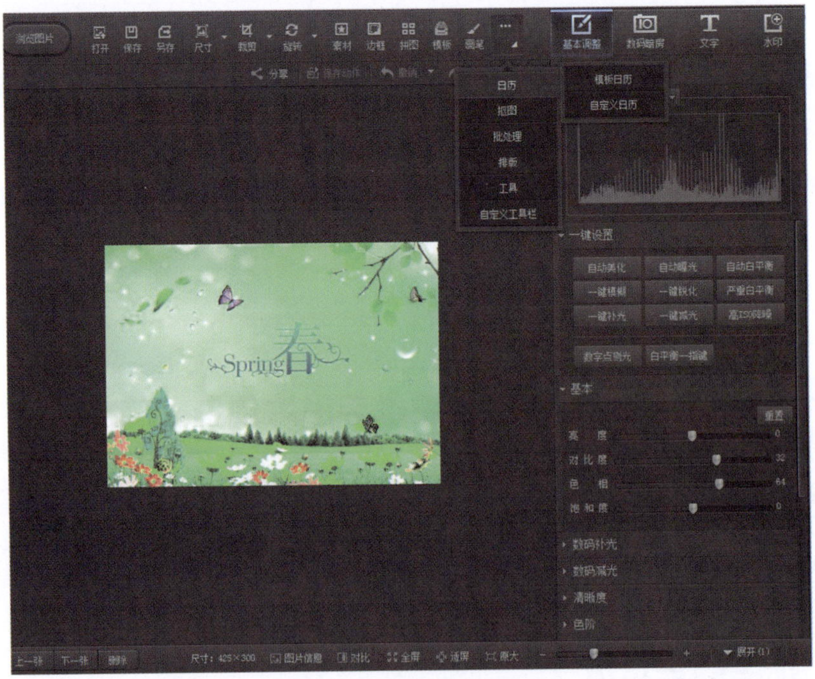

图 3-46　处理后的效果图

　　步骤 2：选取 3 张自己喜欢的图片，为它们加上不同的边框，要求制作不同的边框文字内容，可以参考图 3-47、图 3-48 和图 3-49 的样例。

图 3-47　为图片加上轻松边框

图 3-48　为图片加上花样边框

图 3-49　为图片加上撕边边框

步骤 3：选取 4 ~ 6 张自己喜欢的图片进行"自由拼图"和"模板拼图"，自由拼图的效果如图 3-50 所示，模板拼图效果如图 3-51 所示。

图 3-50　自由拼图效果

图 3-51 模板拼图效果

步骤 4：选取 1 张图片制作 1 张日历，效果如图 3-52 所示。

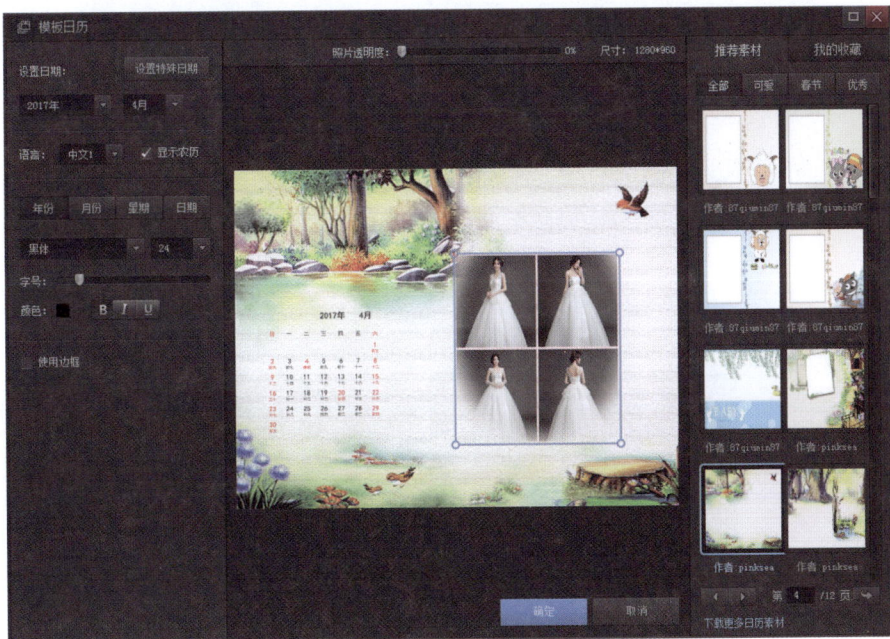

图 3-52 日历效果图

步骤 5：对"批处理"文件夹里的图片进行批处理操作：尺寸减小 50%，加上边框，一键处理为复古效果。具体操作如图 3-53 ～图 3-59 所示。

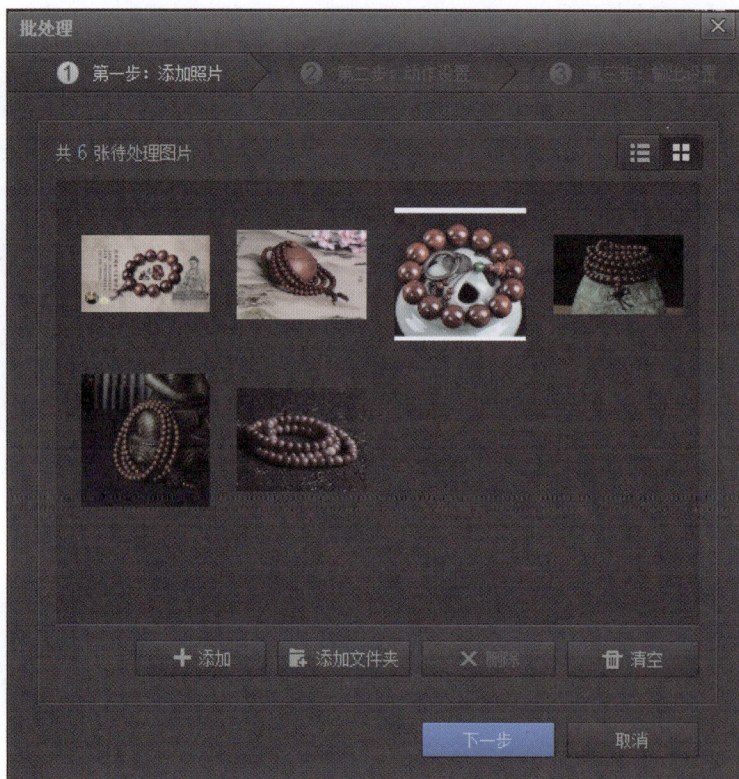

图 3-53　添加批处理的图片

图 3-54　调整图片尺寸

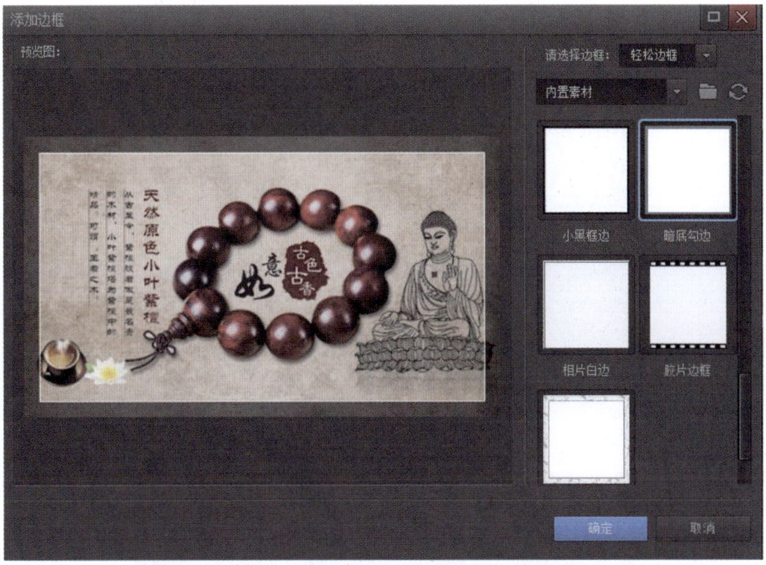

图 3-55　添加边框

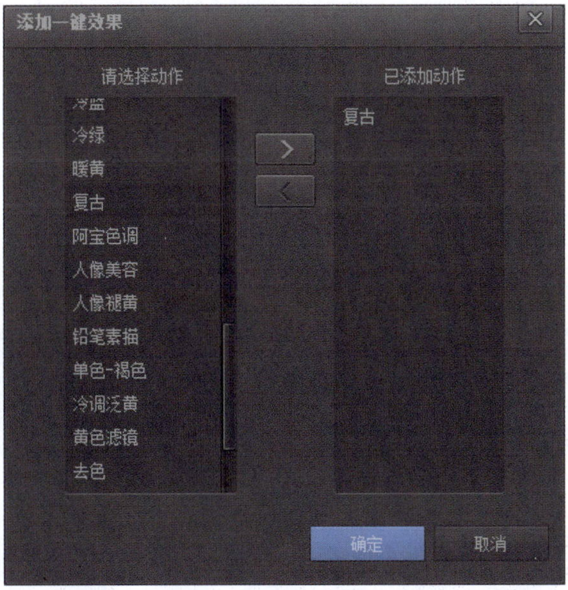

图 3-56　添加一键效果

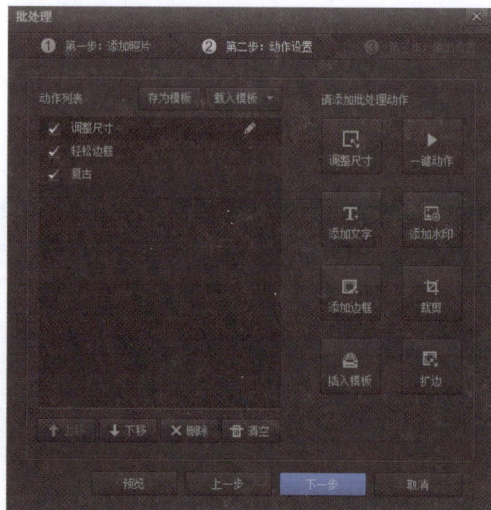

图 3-57 批处理动作

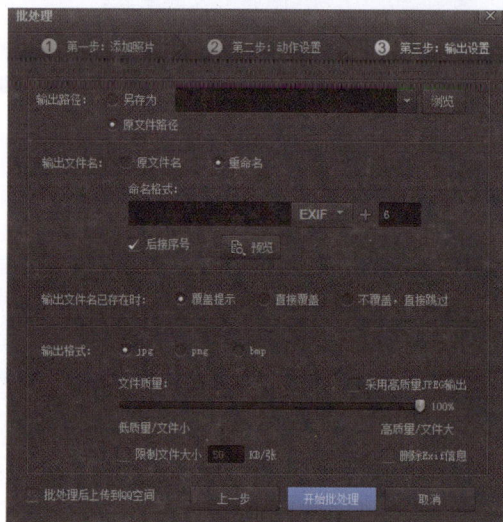

图 3-58 批处理输出设置

图 3-59 批处理后效果图

✔ 实训提示

利用光影魔术手软件自动美化和手动美化图片；利用光影魔术手软件给图片添加文字、水印和边框，利用光影魔术手软件对图片进行批处理操作。

📌 项目小结

对网店中产品图片进行后期加工处理的常用软件有 Photoshop、美图秀秀、光影魔术手等。本项目以光影魔术手软件为例介绍如何对产品图片进行后期处理、美化加工。利用光影魔术手可以自动美化图片，也可以手动美化图片，手动美化图片可以达到更为精细的效果，在光影魔术手软件中也可以给图片添加文字、水印和边框，同时在光影魔术手软件中也可对一批图片进行相同的操作，快速解决对批量图片进行美化的问题。

淘宝图片空间有替换、引用、搜索、搬家、批量等功能，本项目介绍了淘宝图片空间的基本功能和设置水印功能。

🌱 同步测试

一、单项选择题

在线测评 3

1. 位图图像的精细度叫做（　　　）。

A. 分辨率　　　　　B. 栅格图像　　　　　C. 矢量图形　　　　　D. RGB 色阶

2. 分辨率是指位图图像中的细节精细度，测量的单位为（　　　）。

A. 像素 / 毫米　　　B. 像素 / 厘米　　　C. 像素 / 英寸　　　D. 像素 / 寸

3. 下列文件属于静态图像文件的是（　　　）。

A. JPG　　　　　　B. DOC　　　　　　C. PPT　　　　　　D. RM

4. 下列说法错误的是（　　　）。

A. ACDSee 可以管理图片　　　　　　　B. 光影魔术手能制作多图边框

C. SnagIt 可以捕获图像　　　　　　　　D. SnagIt 不能捕获视频

5. 在发布产品信息时，发现图片太大，有 60 多张都是如此，应该（　　　）。

A. 利用图片处理软件将图片一张张调小尺寸后上传

B. 把相机像素调低，重新拍，然后上传

C. 用光影魔术手的"批处理"功能，批量完成图片的缩放处理，然后上传

D. 使用阿里后台免费工具"图片助手"，自动处理图片格式及大小后上传

二、多项选择题

1. 光影魔术手的主要作用有（　　）。

A. 调图　　　　　B. 拼图　　　　　C. 图片美化　　D. 文字和水印功能

2. 下列能对照片进行处理的软件有（　　）。

A. Word　　　　　　　　　　B. PS

C. 光影魔术手　　　　　　　　D. 美图秀秀

3. 下列图片图像文件格式可以采用 JPEG 压缩算法的是（　　）。

A. GIF　　　　　B. PCX　　　　　C. PIC　　　　　D. JPGE.TTE

4. 下列可以获取图像的设备有（　　）。

A. 光盘　　　　　B. 数字相机　　　　　C. 画册

D. 扫描仪　　　　　E. 显示器

5. 以下能表现图像 256 色以上颜色的模式有（　　）。

A. RGB　　　　　B. CMYK　　　　　C. 索引

D. 位图　　　　　E. 以上均是

三、简答题

1. 一键自动美图主要有哪几个操作工具？

2. 手动调整美图与自动美图的区别是什么？

3. 前期拍摄的照片常会出现哪些缺陷？

4. 后期美图主要有哪几种图像软件？

5. 光影魔术手软件的工作界面分为哪几大区域？

下篇

实务篇

项目 4　网店常用图片设计制作

重点难点

店招图的目的、类型及设计结构；海报图分类、作用及制作；图片设计中，文字字体的选择、整体颜色的选择及应用；设计直通车图时，图文的排版样式、比例分布以及文案应用的精准表达；钻展图特点解析及设计技巧。

项目导图

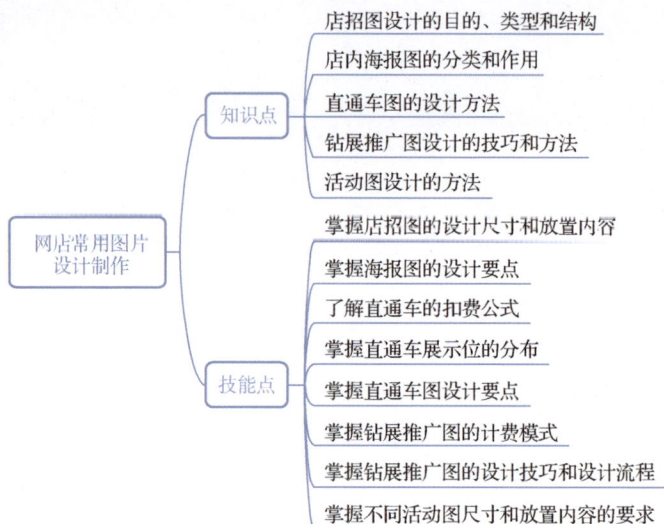

网店常用图片设计制作

知识点
- 店招图设计的目的、类型和结构
- 店内海报图的分类和作用
- 直通车图的设计方法
- 钻展推广图设计的技巧和方法
- 活动图设计的方法

技能点
- 掌握店招图的设计尺寸和放置内容
- 掌握海报图的设计要点
- 了解直通车的扣费公式
- 掌握直通车展示位的分布
- 掌握直通车图设计要点
- 掌握钻展推广图的计费模式
- 掌握钻展推广图的设计技巧和设计流程
- 掌握不同活动图尺寸和放置内容的要求

引例

　　35 岁的张强是 2004 年毕业的大学生，老家住在城郊的工业园附近，学习的是电子商务专业。张强毕业后并没有像其他同学那样去找工作，而是自己在淘宝网上开了一个服装网店，平时除了进货发货，晚上也会抽空将图片上传摆好放在自己的店铺中。经过一年多的苦心经营，张强的生意一天天好起来。但随着时间的推移，张强在网上的店铺人流量却直线下滑直至冷清，曾有朋友建议将店铺的风格和展现形式重新设计一下，以更符合现代电商的形势。但张强有自己的想法，他觉得网上图片摆放一下就行，顾客在乎的是价格，主要是想方设法将价格再降低一些。

　　大家想一下，张强的网店图片通过摆图片和文字的方式，适应目前电商的发展吗？图片的视觉营销方向在广告及其相关的图片中起着怎样的重要作用？

> **引例分析**
>
> 　　2005 年，张强利用所学的知识，开启了自己的电商之路，打开了事业的大门。随着电子商务的发展，他的一些经营理念的弊端就显现出来了。现在，人们对于美的要求越来越高，而且生活节奏也越来越快，简单摆放图片并不能满足顾客需求。电商页面不仅要美观，还要将顾客关心的利益点更精准地表达出来。

✔ 任务 1　店招图设计

4.1.1　店招图设计的目的

店招图是由户外的店铺招牌延伸而来的。店招图的尺寸为 1920 像素 × 150 像素，面积虽小，却至关重要。从内容上来说，店招图上可以有店铺名、店铺 LOGO、店铺 SLOGAN、收藏按钮、关注按钮、促销产品、优惠券、活动信息 / 时间 / 倒计时、搜索框、店铺公告、网址、第二导航条、旺旺、电话热线、店铺资质、店铺荣誉等信息。也可以说，如果可以，几乎所有能想到的内容都能在店招图上进行展现。当然，除了店铺名必然出现外，其他内容都可以按照卖家的具体情况进行安排。

4.1.2　店招图设计的类型

从对店铺定位及功能上划分，可以将店招图分为 4 类。

1. 以品牌宣传为主

这类店招首先要考虑的内容是店铺名、店铺 LOGO、店铺 SLOGAN，因为这是品牌宣传最基本的内容；其次是关注按钮、关注人数、收藏按钮、店铺资质，可以从侧面反映店铺实力。最好不要出现店铺活动、促销等打折的信息，从而影响店铺整体形象，如图 4-1 所示。

图 4-1　品牌宣传店招图

2. 以活动促销为主

这类店铺的特点是店铺活动、流量集中增加，有别于店铺正常运营。所以店招图首先要考虑的因素是活动信息 / 时间 / 倒计时、优惠券、促销产品等活动或者促销信息；其次是店铺名、店铺 LOGO、店铺 SLOGAN 等以品牌宣传为主的内容，如图 4-2 所示。

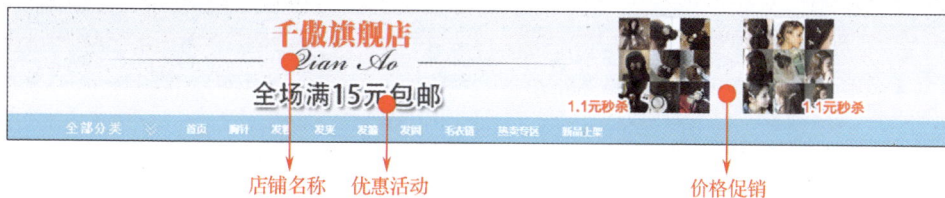

图 4-2　活动促销店招图

3. 以产品推广为主

店铺想要主推的产品就像杰出青年一样，需要满足表现突出、对店铺有贡献等条件。

店铺特点是有主推产品、想要主推一款或几款产品。在店招图上，这类店铺要主打促销产品、促销信息、优惠券、活动信息等促销信息；其次是店铺名、店铺 LOGO、店铺 SLOGAN 等以品牌宣传为主的内容，如图 4-3 所示。

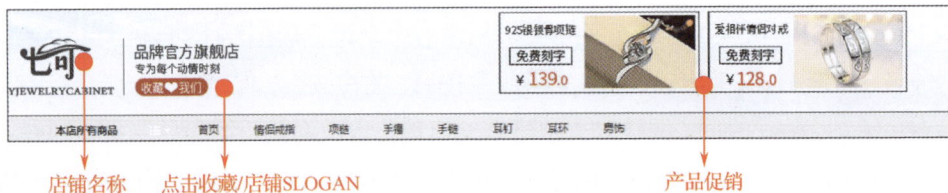

图 4-3　产品推广店招图

4. 以目录导航为主

这种店铺的所有分类在导航栏上一目了然，这样可以提高顾客的体验度和亲近度。就好比到了自己熟悉的超市，买什么样的产品都可以按照超市的导向轻松找到。在店招图上，这类店铺首先展现合理和明显的分类信息，引导客户轻松找到自己想要的产品，也可适当地加一些促销信息；其次是店铺名、店铺SLOGAN 和促销信息等内容，如图 4-4 所示。

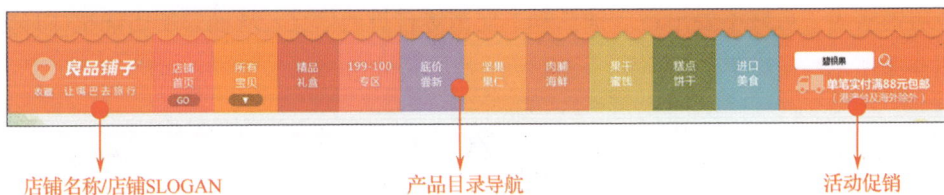

图 4-4　目录导航店招图

4.1.3　店招图设计的结构

店招图的本质目的是让顾客看到相关的店铺信息，快速了解店铺的经营特色。根据需要可将店招图设计版式分为 3 种常见的版面结构：居中型（见图 4-5）、左右型（见图 4-6）、左中右型（见图 4-7）。除了以上 3 种形式外，还有个别结构形式，如图 4-8 所示。

图 4-5　店招图居中型结构

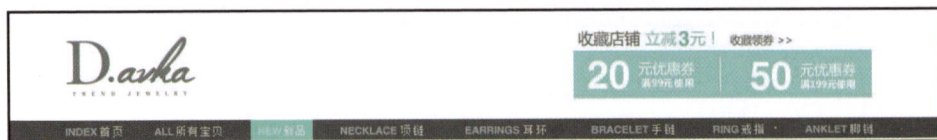

图 4-6　店招图左右型结构

图 4-7　店招图左中右型结构

图 4-8　店招图其他结构形式

小贴士

任何形式结构的店招图，都要考虑顾客接收信息的多少，并优先考虑顾客的购买意愿，也可以结合热力图等分析方式进行测试优化。

店招图案例设计

任务 2　店内海报图设计

4.2.1　店内海报图的分类和作用

1. 店内海报图的分类

海报图设计

店内海报图大体分为两种：一种是店铺首页的整店海报，如图 4-9 所示；另一种是店铺内单品详情的单品海报，如图 4-10 所示。另外，在尺寸方面，整店海报一般的尺寸是宽 1920 像素、高 600 像素。也可以根据实际需要将高度增大，一般高度不要超过 1100 像素。单品海报的宽度各有不同，淘宝是 750 像素、天猫是 790 像素；高度一般不超过 900 像素。

图 4-9　店内海报之整店海报

图 4-10　店内海报之单品海报

2. 店内海报图的作用

　　整店海报和单品海报虽然都是对产品及其风格等信息的展现，但表现形式、内容和表达重点还是有所不同的。整店海报占据首页大面积的区域，主要展现店铺风格、产品类型以及活动等整体设计，以提高顾客对本店铺的认知度，也可以对热销产品或新推产品进行优先展示，通过海报链接到顾客想要了解的产品描述中去。单品海报则是针对具体某一款产品，对其风格、卖点、营销活动等进行展示，或用带模特的场景将买家带入所要表达的内容中，从而促使买家产生购买欲望。

4.2.2　丝巾海报图设计案例

　　下面以丝巾为例，讲解海报图设计。

　　（1）根据运营部门派发的工作单进行思路整理，如图 4-11 所示。

　　通过对工作单的分析，需要设计的海报首页为一屏海报，尺寸为 1920 像素 ×700 像素。风格为大气简约、底色纯净，并强调了产品推出的季节是春季。通过对工作单的解读，了解海报制作的整体方向，有利于美工人员更准确地完成作品。

　　（2）准备相关的制图素材。

　　首先，从众多的模特照片中，找出符合本次设计主题角度和气质的模特。然后，搜集关于春天的绿色植物并伴有少许的落叶以烘托气氛，如图 4-12 所示。

　　（3）确定海报字体和制图颜色。

　　首先，分析女士丝巾的产品特点，主题文本用"汉仪长宋简"，通过其粗细分明的笔画仿佛勾勒出女性婀娜多姿的身形。然后，确定营销文本采用"汉仪细圆简"，平滑的轮廓、纤细的笔画与长宋简形成有层次的对比，通感女性用品的清新，如图 4-13 所示。

美工设计制作工作单

项目名称	首页第一屏海报		提交日期	3月1日
提交部门/人员	运营部小梦		期望完成日期	3月2日
任务类型	常规	紧迫程度	特急单经理签字	
任务接收人			任务接收日期	
设计风格及调性需求	简约大气、底色纯净、突出春天产品的信息			
设计中必须出现的元素	春天元素、促销元素			
制作规范	图片尺寸	1920像素×700像素		
	字体	无		
	色彩	由美工设定		
	图片排版布局	由美工设定		
参考范例				
任务完成人签字		完成日期	美工主管签字	
备注	1.工作需求单至少提前3天提交，以便进行工作安排，如需紧急处理，需由部门经理直接签字认可，以方便其他工作另行调整。 2.工作单一式两份，一份在提交需求部分备份，另一份美工备份。			

图 4-11　店内海报设计美工工作单

图 4-12　海报所选模特和春天的清新素材

汉仪长宋简
汉仪细圆简

图 4-13　海报图设计字体

（4）确定海报的主体色调和运用颜色。

根据主推产品的风格背景采用淡绿色的渐变突出清新风，主题文本采用深绿色增加春天气息，并添加淡褐色作为增加冷暖对比的点缀，如图 4-14 所示。

淡绿色渐变　　　　　　深绿色　　　　　　淡褐色

图 4-14　海报设计颜色

（5）确定海报排列版式。

这里运用九宫格的排版方式进行设计制作，如图 4-15 所示。

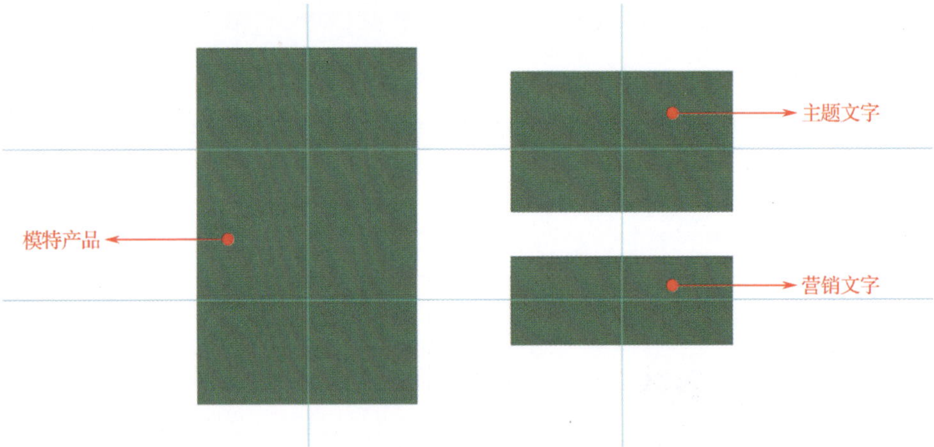

主题文字

模特产品

营销文字

图 4-15　海报设计版式

（6）最终定稿效果如图 4-16 所示。

Idea

图 4-16　丝巾海报设计最终效果图

小贴士

首页海报的总长度为 1920 像素，但一般设计的主体内容在居中位置，约 1000 像素左右的位置，顾客在浏览海报时不至于视点太过分散。并且在排列布局的时候要适当留白，这样的表达才更直观，顾客在短时间内浏览的信息才更有效。

海报图案例设计

同步实操作业：丝巾海报作业思考

通过分析图 4-17 所示产品，设计首页全屏海报，按照前面讲解的作图步骤，你会怎样进行制作呢？

产品关键词——冬季新品、羊绒材质、保暖轻便防风；产品营销词——12 月 30 日前购买，送精美手套一副。

图 4-17　海报练习图

任务 3 直通车图设计

直通车图设计

4.3.1 直通车的特点

淘宝直通车是专职为淘宝卖家量身定制，按点击付费的 CPC 营销推广工具。直通车具有精准推广、智能预测等特点，可给广大卖家带来更多的潜在客户，用一个点击，产生一次或多次的店内转跳。所以，直通车推广图是电商美工经常接触的图片类型。

$$直通车扣费公式 = \frac{下一名出价 \times 下一名质量得分}{自己质量得分} + 0.01 \, 元$$

4.3.2 直通车图在搜索页的位置

当顾客在淘宝搜索页搜索某个产品词时，在搜索页面出现的橱窗中，直通车推广图会有固定的排列位置，其中在搜索首页左上角第一个、从第二页开始左侧的前三个以及每页最右侧从上至下共 12 个、最下面 5 个为链接单品的直通车推广图，最右侧从下至上 3 个橱窗位置为链接店铺的直通车推广图，标有"掌柜热卖"的是直通车图。PC 端直通车推广图片在第一搜索页的具体位置如图 4-18 所示。

4.3.3 直通车图设计要点

在设计直通车图时要注意以下几点。

（1）产品图片要清晰，否则会导致顾客没有点击的欲望。

（2）产品图片不要过小（一般占到图片面积的 1/2 或 2/3），尽量不要被遮挡。

（3）不要有多余的文字，营销活动不要太多。

（4）直通车推广图尺寸为 800 像素 × 800 像素。

（5）背景不要太花哨，以免喧宾夺主。

（6）不要出现标题党，这样会丧失客户对店铺的信任。

（7）一般品牌产品的直通车图具有简洁大气的特点，不会有太多的无用信息，一般会添加商品 LOGO 以增加顾客点击率。

4.3.4 直通车图案例分析

下面分析几个直通车图设计实例。

1. 案例 1

如图 4-19 所示，为一款运动鞋直通车图，存在的问题主要有以下几点。

（1）想表现鞋子的运动感，但特效严重破坏了产品的整体性。

（2）想说明价格的活动期限，但没有合适的位置摆放就把文字缩得很小，实际中顾客不会看到此类信息，所以为干扰的无用信息。

（3）前 50 名本身就是数量有限，所以"数量有限"这 4 个字纯属画蛇添足。

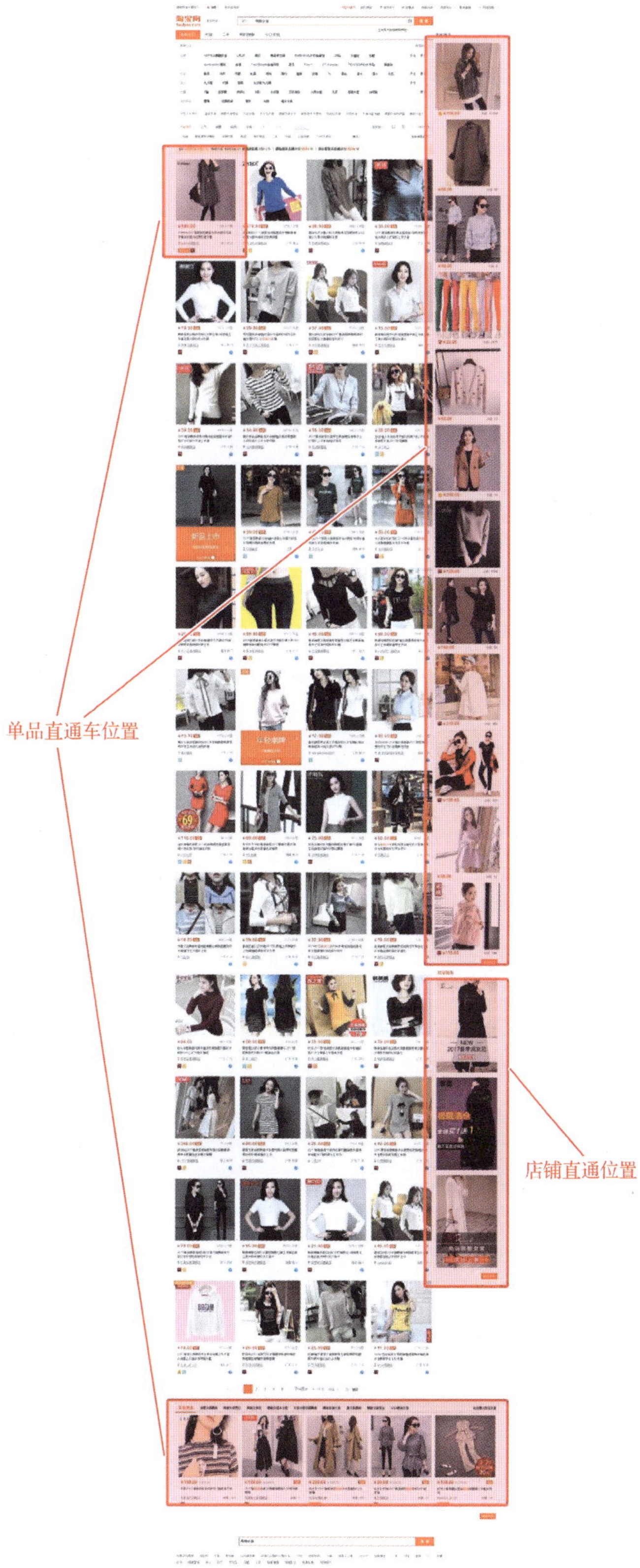

单品直通车位置

店铺直通位置

图 4-18　PC 端直通车推广图在淘宝第一搜索页中的位置

图 4-19　直通车推广图案例分析 1

2. 案例 2

如图 4-20 所示直通车图的问题主要在于产品展示不明确，干扰元素太多，没有给顾客轻松的视觉体验。

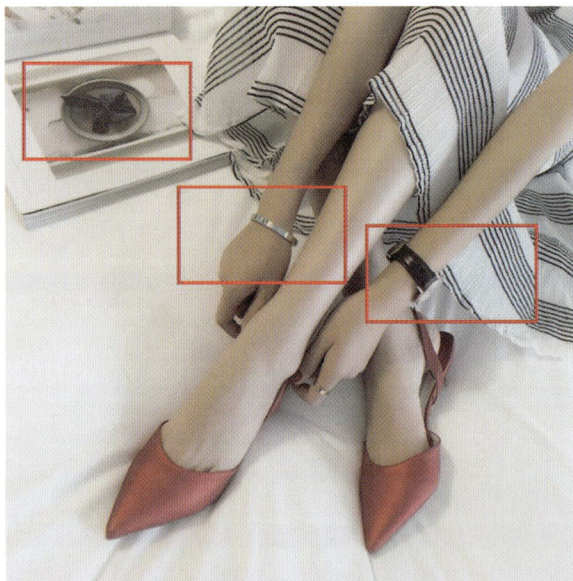

图 4-20　直通车推广图案例分析 2

例如，图片中作为背景的蝴蝶结，手腕上佩戴的手环和手表都会给顾客带来误解，并在视觉上产生主次不分明的感觉。

3. 案例 3

如图 4-21 所示直通车图是一款表现信息还不错的图片。首先，背景将春天的色调进行了模糊处理；然后产品拍摄出了户外的动感和景深的效果。产品清晰且卖点表达简洁明确，如果标志和卖点文字排版再调整一下效果会更好。

图 4-21 直通车推广图案例分析 3

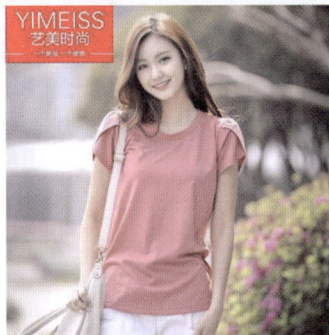

图 4-22 直通车推广图案例分析 4

4.3.5 老年服装直通车图设计案例

（1）分析设计工作单

<table>
<tr><td colspan="5" align="center">**美工设计制作工作单**</td></tr>
<tr><td align="center">项目名称</td><td colspan="2" align="center">老年服装直通车推广图</td><td align="center">提交日期</td><td align="center">4月1日</td></tr>
<tr><td align="center">提交部门/人员</td><td colspan="2" align="center">运营部小梦</td><td align="center">期望完成日期</td><td align="center">4月2日</td></tr>
<tr><td align="center">任务类型</td><td align="center">常规</td><td align="center">紧迫程度</td><td align="center">特急单经理签字</td><td></td></tr>
<tr><td align="center">任务接收人</td><td colspan="2"></td><td align="center">任务接收日期</td><td></td></tr>
<tr><td align="center">设计风格及调性需求</td><td colspan="4" align="center">突出夏天风格、点缀对比色</td></tr>
<tr><td align="center">设计中必须出现的元素</td><td colspan="4" align="center">产品标识、促销内容、2种款式</td></tr>
<tr><td rowspan="4" align="center">制作规范</td><td colspan="2" align="center">图片尺寸</td><td colspan="2" align="center">800像素×800像素</td></tr>
<tr><td colspan="2" align="center">字体</td><td colspan="2" align="center">无</td></tr>
<tr><td colspan="2" align="center">色彩</td><td colspan="2" align="center">由美工设定</td></tr>
<tr><td colspan="2" align="center">图片排版布局</td><td colspan="2" align="center">由美工设定</td></tr>
<tr><td align="center">参考范例</td><td colspan="4"></td></tr>
<tr><td align="center">任务完成人签字</td><td colspan="2"></td><td align="center">完成日期</td><td align="center">美工主管签字</td></tr>
<tr><td align="center">备注</td><td colspan="4">1.工作需求单至少提前3天提交，以便进行工作安排，如需紧急处理，需由部门经理直接签字认可，以方便其他工作另行调整。
2.工作单一式两份，一份在提交需求部分备份，另一份美工备份。</td></tr>
</table>

图 4-23 直通车推广图设计工作单

通过对设计工作单的分析，需要注意：这一款老年服装是夏季款，需要出现促销内容，这个衣服有两种款式都需要在直通车推广图中展现给顾客。

（2）准备相关素材

首先，这款产品有两个款式，并且都需要展现，所以选择了一个以上半身为主商品模特近照作为图片的第一层，并且选择了一个整体表现较好的商品模特作为另外一款的展示；其次，背景选用了与夏季款匹配的浅蓝色背景，体现了清凉的感觉，如图4-24所示。

（3）确定直通车图字体

这款产品直通车图只出现简单的营销字体，所以在这里选用视觉明显、笔画大方的微软雅黑体，如图4-25所示。

图 4-24　直通车推广图素材准备

图 4-25　直通车推广图字体

（4）确定直通车推广图颜色

因为背景是渐变的浅蓝色，所以用少许黄色块加强对比用于搭配营销文字，如图 4-26 所示。

图 4-26　直通车推广图用色

（5）确定直通车推广图版式

结合需要展示的卖点和两款宝贝的特点，这里采用排版常用的均衡构图，如图 4-27 所示。

编号 1 所示区域为构图的第一层级，主要显示两个商品模特，编号 2 所示区域为促销的文本信息，编号 3 是放置 LOGO 的位置。

（6）最终成稿

设计制作出的老年服装直通车推广图最终成稿如图 4-28 所示。

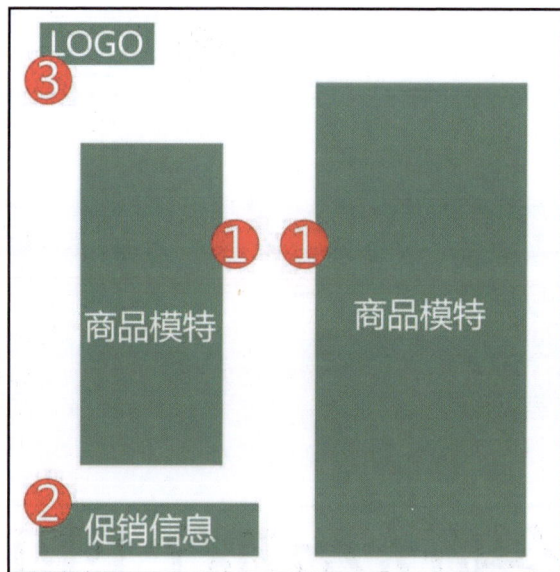

图 4-27　直通车推广图版式示意图

图 4-28　直通车推广图成稿

直通车图案例
设计

▼ 任务 4　钻展图设计

4.4.1　钻展图的特点

淘宝的钻石展位推广图简称"钻展图"，是典型的 CPM（按展现付费）营销推广工具（钻展也有 CPC 付费模式）。钻展是按千次展现收费的，单位是 CPM。例如，1个 CPM 8 元，表示这个广告展现 1000 次时收费 8 元，点击和不点击都进行扣费。

$$钻展总展现量公式 = \frac{预算金额}{CPM\ 价格} \times 1000$$

展位类似于街头或公路边的广告牌，由于互联网广告可以精准控制投放受众，这个广告牌链接到店铺后，可以直接带来成交，所以与线下广告相比，钻展可以实现直接达成销售的功能。直通车推广的精准主要基于关键词，并不能定位客户的个性化特征，例如风格、价位等。钻展推广对于制定了严格推广计划、拥有能够承接大流量的店铺来说，无疑是非常适合的一种营销推广方式。

4.4.2　钻展图设计技巧

设计钻展图时，可以参考以下技巧。

（1）主题：主题要突出，主打品牌定位或促销信息。

（2）文字信息：字体和颜色不超过 3 种；信息表达明确；文字创意与图片相结合。

（3）色彩搭配：创意主色不超过 3 种。

（4）排版布局：巧用黄金分割和适当留白。

4.4.3　审核流程

钻展活动后台对报名商家提供的图片有着非常严格的审核，审核流程大致如图 4-29 所示。

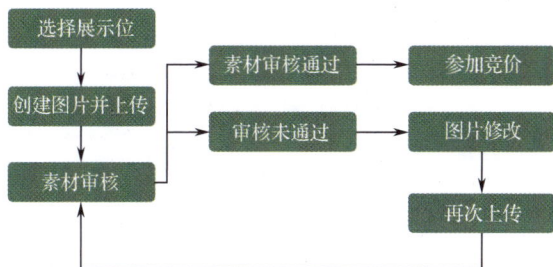

图 4-29　钻展活动图审核流程

4.4.4　钻展推广图的位置

钻展推广图的位置众多且尺寸各异，在位置方面，仅投放大类就包括天猫首页、淘宝旺旺、站外门户、站外社区、无线淘宝等，对应的钻展尺寸更是多达数十种。所以，在制作图片之前，先要确定图片放置的位置，然后根据不同的位置确定相应的尺寸。图 4-30 所示为淘宝计算机端首页钻展的位置。

4.4.5　头戴式耳机钻展图设计案例

1. 分析设计工作单

首先分析设计工作单，如图 4-31 所示。

通过从工作单提取的要求和信息，了解到本次制作的图片为钻展首页推广图，产品为头戴式耳机，突出的内容为质感和活动。

图 4-30　钻展推广图淘宝首页位置分布

美工设计制作工作单

项目名称		头戴式耳机钻展推广图		提交日期	4月20日
提交部门/人员		运营部小梦		期望完成日期	4月21日
任务类型	常规		紧迫程度	特急单经理签字	
任务接收人				任务接收日期	
设计风格及调性需求		突出产品质感、卖点和科技调性			
设计中必须出现元素		赠品图片、促销内容			
制作规范	图片尺寸		520像素×280像素		
	字体		无		
	色彩		由美工设定		
	图片排版布局		由美工设定		
参考范例					
任务完成人签字			完成日期	美工主管签字	
备注		1.工作需求单至少提前3天提交，以便进行工作安排，如需紧急处理，需由部门经理直接签字认可，以方便其他工作另行调整。 2.工作单一式两份，一份在提交需求部分备份，另一份美工备份。			

图 4-31　钻展推广图美工工作单

2. 钻展图素材选择

通过对工作单的分析，从产品照片中选择一张能够展示产品整体的图片，另外由于是头戴式耳机，所以从持久佩戴的舒适性提炼的产品特点应为轻柔（轻便、柔软），如图4-32所示。

3. 钻展图设计初稿

构图结构基本为左右结构，突出产品的卖点为轻柔，另外用灵活的"汉仪雪君体"突出活动主题，用"汉仪细圆简"突出活动内容，最后整个背景用黑色来衬托产品的品质，如图4-33所示。

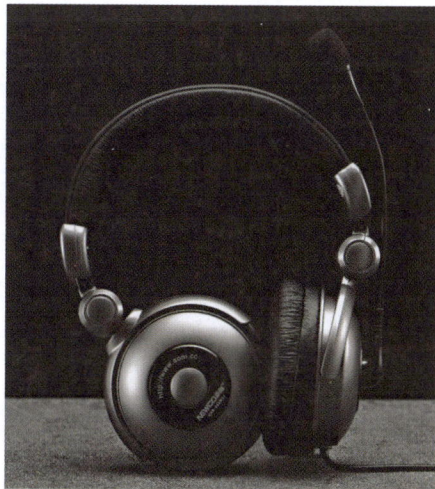

图 4-32　耳机产品原始照片

图 4-33 耳机钻展推广图初稿

4. 钻展图再次推敲

通过推敲发现以上钻展图有几个细节需要完善，如图 4-34 所示。

图 4-34 耳机钻展推广图修改示意图

（1）产品与背景颜色过于相似，局部不够突出。

（2）颜色统一，但活动区域过于平静，缺少购买冲动，内容也显得烦琐。

（3）整个画面缺少创意渲染。

5. 钻展推广图最终定稿

通过以上发现的问题，利用多种方式进行修改和充实。

（1）在产品背景的上半部分添加少许深蓝色光晕，在突出科技元素的同时，还能增加背景与产品的局部对比。

（2）促销内容的色块改为让人更有点击欲望的淡黄色。同时，文案也进行了简化，便于消费者快速浏览。

（3）在构图的上方添加更有科技感的蓝色光晕。

（4）在产品的背景中，点缀了几片羽毛。利用了设计中的通感原理，让人联想到耳机的轻盈、舒适。

最终设计定稿如图 4-35 所示。

图 4-35　耳机钻展推广图最终定稿

✔ 任务 5　活动图设计

在平时的营销中，卖家经常参与淘宝的官方活动，以吸引流量或提高产品销量。一般活动会对图片的尺寸等方面进行相应的规定，如果不满足某些规定，将不能参加活动。因此，图片是否规范对于能否参加活动来说非常重要。下面以聚划算活动为例，介绍聚划算对图片的要求和规范。

4.5.1　活动图设计规范

1. 图片整体尺寸

聚划算图片的整体尺寸为 960 像素 × 640 像素。

2. LOGO 区域

活动（聚划算）
图设计

（1）产品图上必须放品牌 LOGO。

（2）LOGO 显示尺寸最宽不超过 180 像素，最高不超过 120 像素，如图 4-36 所示。

（3）LOGO 不出现店铺名称、产品定位、营销文案等信息。

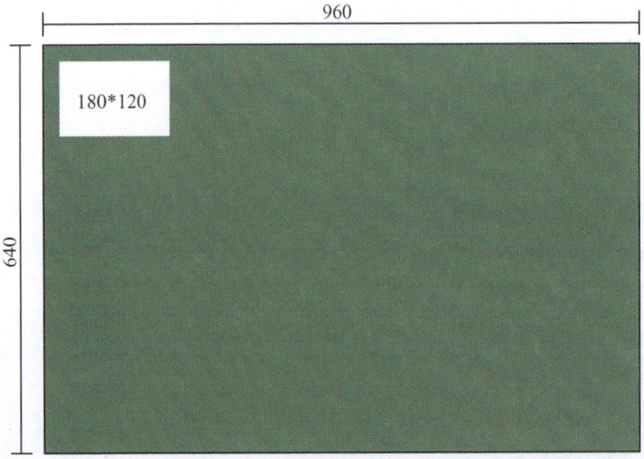

图 4-36　活动图整体尺寸

3. 商品图规范

（1）商品图片居中放置，有模特的不可截掉头部，安全区域为 800 像素 × 480 像素。

（2）商品图片角度，以展示商品全貌为最佳。

（3）商品图数量，同款式不要超过 2 件（量贩团、套件商品除外）。

（4）商品图片内禁止出现任何营销文案、自制标签。

（5）商品图必须主次分明。

4.5.2　活动图示例说明

（1）无模特商品图片居中放置，如图 4-37 所示。

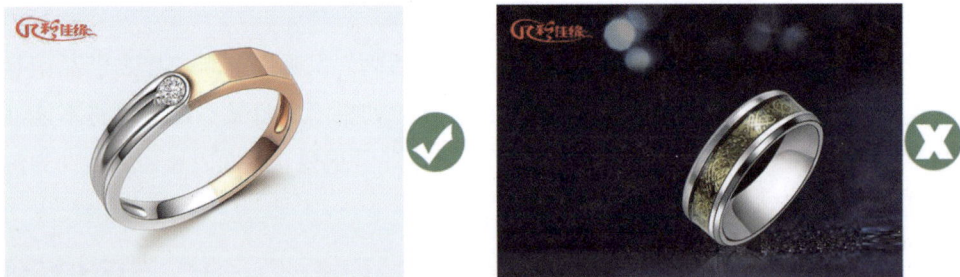

图 4-37　活动图示例 1

（2）以展示商品全貌为最佳，如图 4-38 所示。

（3）商品图片内禁止出现任何营销文案或自制标签，如图 4-39 所示。

（a）

（b）

图 4-38   活动图示例 2

（a）

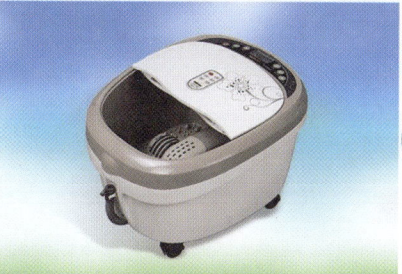 

（b）

图 4-39   活动图示例 3

4.5.3 吸尘器聚划算活动图设计案例

（1）首先分析设计工作单，如图4-40所示。

美工设计制作工作单

项目名称	吸尘器聚划算活动图		提交日期	6月1日
提交部门/人员	运营部小梦		期望完成日期	6月2日
任务类型	常规	紧迫程度	特急单经理签字	
任务接收人			任务接收日期	
设计风格及调性需求	突出科技感、现代、简洁			
设计中必须出现元素	产品标识、产品亮点			
制作规范	图片尺寸	960像素×640像素		
	字体	无		
	色彩	由美工设定		
	图片排版布局	由美工设定		
参考范例				
任务完成人签字		完成日期	美工主管签字	
备注	1.工作需求单至少提前3天提交，以便进行工作安排，如需紧急处理，需由部门经理直接签字认可，以方便其他工作另行调整。 2.工作单一式两份，一份在提交需求部分备份，另一份美工备份。			

图 4-40 吸尘器聚划算活动图美工工作单

（2）分析工作单并整理素材，如图4-41所示。

图 4-41 聚划算活动图素材准备

（3）确定活动图的尺寸，如图 4-42 所示。设置尺寸为 960 像素 ×640 像素，分辨率为 72 像素 / 英寸，颜色模式为 RGB。

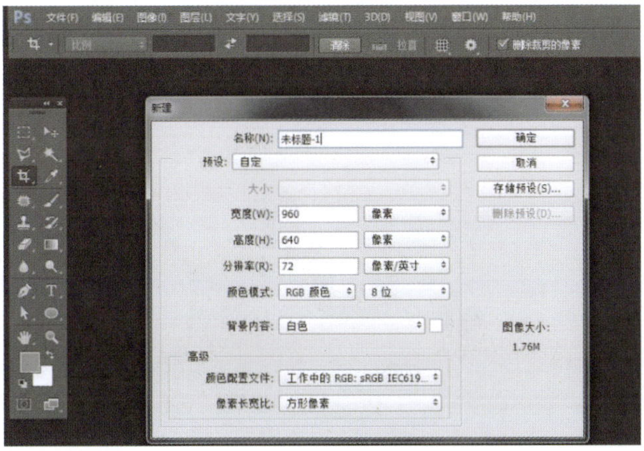

图 4-42　聚划算活动图尺寸设置

（4）初稿完成，如图 4-43 所示。

图 4-43　活动图初稿

（5）进行修改、完善，如图 4-44 所示。

在背景中添加光线，以增加产品的科技感，使构图更加丰满、更有张力，色调和谐统一。

杀菌 除螨 净化三合一

- 多倍紫外线
- 强力拍打
- 热风除湿

图 4-44 聚划算活动图终稿

聚划算活动图
案例设计

同步阅读

直通车推广图设计要点

设计直通车推广图时，要考虑众多因素，比如背后的客户群体，根据这些因素规划自己的图片设计思路。

直通车图的设计定位一般可分为三步：根据位置走差异化路线；通过分析消费群体制定设计思路；分析消费者的购买诉求。下面具体讲解这三个步骤。

1. 差异化表现手法可以从素材、色彩、构图、文案（如当大部分图片都在表达风扇的大风量时，你是不是可以表达风扇的静音效果呢，这样可以抓住精确需求人群）和创意等几方面入手，这样就能在很短的时间内抓住顾客眼球，从而直接达到图片点击的目的。

2. 消费人群主要从性别（如针对女性消费者是不是可以多用白底、暖色等她们喜欢的柔美颜色）、职业、年龄、地域等方向进行区分。

3. 图片设计中考虑的购买诉求可归纳为以下三部分。

（1）五大消费需求——生理需求（如鞋子的舒适透气）、安全需求（如劳保鞋的防砸、防刺穿）、社交需求、被尊重需求（如限量版皮草）和自我价值观的需求（如高端个性定制）。

（2）十大消费心理——求实、求美、求便、炫耀、区隔（与众不同和个性）、从众、占有（限量和限购）、崇权（证书和专家）、求廉害怕后悔（无理由退货）。

（3）七大推广卖点——利益吸引、款式吸引、材料功能、概念透导、情感归属、增值服务（上门安装、免费维修、赠品等）、大众好评。

同步实训

实训 1　店招图设计——以汽车类目为例

实训 1：店招图设计——以汽车类目为例

> **实训目的**
> 掌握店招图设计要点，并能制作出不同类型的店铺店招图。

实训内容与步骤

店招图制作工作单及最终效果图（见图 4-45）。具体操作流程可扫描二维码进行学习。

美工设计制作工作单				
项目名称（图片类型）	店招		提交日期	1月18日
提交部门/人员	运营部小美		期望完成日期	1月22日
任务类型	常规	紧迫程度	特急单经理签字	
任务接收人			任务接收日期	
设计风格及调性需求	汽车产品主体设计风格简约大方			
设计中必须出现元素（如图片、LOGO、文字等）	品牌 LOGO			
制作规范	图片尺寸	950像素×150像素		
	字体	由美工设定		
	色彩	由美工设定		
	图片排版布局	由美工设定		
参考范例				
任务完成人签字		完成日期	美工主管签字	
备注	1.工作需求单至少提前3天提交，以便进行工作安排，如需紧急处理，需由部门经理直接签字认可，以方便其他工作另行调整。 2.工作单一式两份，一份在提交需求部分备份，另一份美工备份。			

图 4-45　最终效果图

实训 2　海报图设计——以女鞋类目为例

🎯 **实训目的**	
掌握海报图设计要点，并能制作出常见类目的海报图。	

实训 2：海报图设计——以女鞋类目为例

✔ 实训内容与步骤

海报图制作工作单及最终效果图（见图4-46）。具体操作流程可扫描二维码进行学习。

美工设计制作工作单

项目名称（图片类型）	单品海报		提交日期	1月20日
提交部门/人员	运营部小美		期望完成日期	1月24日
任务类型	常规	紧迫程度	特急单经理签字	
任务接收人			任务接收日期	
设计风格及调性需求	以鞋品为主体设计，风格活泼靓丽			
设计中必须出现元素（如图片、LOGO、文字等）	鞋子素材、花朵素材			
制作规范	图片尺寸	750像素×400像素		
	字体	由美工设定		
	色彩	由美工设定		
	图片排版布局	由美工设定		
参考范例				
任务完成人签字		完成日期	美工主管签字	
备注	1.工作需求单至少提前3天提交，以便进行工作安排，如需紧急处理，需由部门经理直接签字认可，以方便其他工作另行调整。 2.工作单一式两份，一份在提交需求部分备份，另一份美工备份。			

图 4-46　最终效果图

实训 3　直通车图设计——以蜂蜜为例

实训 3：直通
车图设计——
以蜂蜜为例

🎯 **实训目的**

掌握直通车图设计的要点，并能制作出常见类目的直通车图。

✔ **实训内容与步骤**

直通车图制作工作单及最终效果图（见图 4-47）。具体操作流程可扫描二维码进行学习。

<table>
<tr><th colspan="5" style="text-align:center">美工设计制作工作单</th></tr>
<tr><td>项目名称（图片类型）</td><td colspan="2" style="text-align:center">直通车图</td><td>提交日期</td><td>1 月 22 日</td></tr>
<tr><td>提交部门／人员</td><td colspan="2" style="text-align:center">运营部小美</td><td>期望完成日期</td><td>1 月 25 日</td></tr>
<tr><td>任务类型</td><td>常规</td><td>紧迫程度</td><td>特急单经理签字</td><td></td></tr>
<tr><td>任务接收人</td><td colspan="2"></td><td>任务接收日期</td><td></td></tr>
<tr><td>设计风格及调性需求</td><td colspan="4" style="text-align:center">产品主体设计要体现自然有机</td></tr>
<tr><td>设计中必须出现元素
（如图片、LOGO、文字等）</td><td colspan="4" style="text-align:center">文字、素材叶子</td></tr>
<tr><td rowspan="4">制作规范</td><td colspan="2">图片尺寸</td><td colspan="2" style="text-align:center">800 像素 ×800 像素</td></tr>
<tr><td colspan="2">字体</td><td colspan="2" style="text-align:center">由美工设定</td></tr>
<tr><td colspan="2">色彩</td><td colspan="2" style="text-align:center">由美工设定</td></tr>
<tr><td colspan="2">图片排版布局</td><td colspan="2" style="text-align:center">由美工设定</td></tr>
<tr><td>参考范例</td><td colspan="4"></td></tr>
<tr><td>任务完成人签字</td><td colspan="2" style="text-align:center">完成日期</td><td>美工主管签字</td><td></td></tr>
<tr><td>备注</td><td colspan="4">1.工作需求单至少提前 3 天提交，以便进行工作安排，如需紧急处理，需由部门经理直接签字认可，以方便其他工作另行调整。
2.工作单一式两份，一份在提交需求部分备份，另一份美工备份。</td></tr>
</table>

图 4-47　最终效果图

📌 项目小结

本项目从网上店铺图片的类型入手，以解决图片表现的重点和难点为导向，从制作的思路开始层层解析，按照一定的规律和标准进行制作。

在整个项目的学习中，我们重点分享了不同网店图片（店招图、店内海报图、直通车图、钻展图、活动图）的类型、作用、特点、设计思路等知识点，也突出了从构思到最终成型的设计思路。在这里要明白，图片实际上是产品的视觉表达形式，背后的核心是产品本身。所以要设计好网店相关图片，必须要从了解产品、了解人群需要开始，结合简洁的营销方案、运营技术分析和设计组合排列，最终形成具有设计感、转化率的优秀网店图片。

🌸 同步测试

在线测评 4

一、单项选择题

1. 计算机端店铺装修的店招尺寸为（　　　）。

A. 1920 像素 ×200 像素　　　　　　　B. 1920 像素 ×150 像素

C. 800 像素 ×800 像素　　　　　　　　D. 1920 像素 ×600 像素

2. 淘宝直通车是按（　　　）方式进行付费的营销工具。

A. 点击　　　　B. 展现　　　　C. 时间　　　　D. 尺寸大小

3. 直通车推广图常规尺寸为（　　　）。

A. 800 像素 ×800 像素　　　　　　　　B. 900 像素 ×600 像素

C. 600 像素 ×600 像素　　　　　　　　D. 800 像素 ×600 像素

4. 在活动图设计中，字体应用不宜过多，最好不超过（　　　）。

A. 1 种　　　　B. 3 种　　　　C. 5 种　　　　D. 6 种

5. 在活动图的设计过程中，商品的位置一般摆放在（　　　）。

A. 左侧　　　　　　B. 右侧　　　　　　C. 左上角　　　　　　D. 居中放置

6. 淘宝计算机端第一页直通车位有（　　）个。

A. 10　　　　　　　B. 20　　　　　　　C. 21　　　　　　　D. 22

7. 对钻展图的理解，正确的观点是（　　　）。

A. 钻展图只能有一个尺寸　　　　　　B. 钻展图只能在淘宝首页显示

C. 钻展活动能带来大量流量　　　　　　D. 钻展图设计越花哨效果越好

二、多项选择题

1. 一般情况下，场景图应采用（　　　）形式来激发客户的潜在需求。

A. 场景图　　　　B. 动态图　　　　　C. 模特图　　　　　D. 品牌故事图

2. 在详情页中有利的营销工具图包含（　　　）。

A. 商品信息图、参数图　　　　　　B. 实拍图、展示图

C. 细节图　　　　　　　　　　　　D. 好评图

3. 以服装类目为例，设计细节展示环节包括（　　　）。

A. 款式细节　　　　B. 做工细节　　　　C. 面料细节　　　　D. 内部细节

4. 网店的店招图上可以放的元素有（　　　）。

A. 爆款展示　　　　B. 优惠券　　　　　C. 促销信息　　　　D. 店铺标志

5. 在直通车推广图设计过程中，需注意的要点有（　　　）。

A. 产品表现完整　　　　　　　　　B. 避免无效信息

C. 背景不要太花哨　　　　　　　　D. 卖点罗列不要太多

三、简答题

1. 店招图可以从哪几方面分类？可以分为哪几类？

2. 直通车推广图在设计中有哪些要点需要注意？

3. 淘宝营销活动有哪些？以聚划算为例，对商品图的制作有什么样的要求？

项目5 主图与主图视频设计制作

项目导图

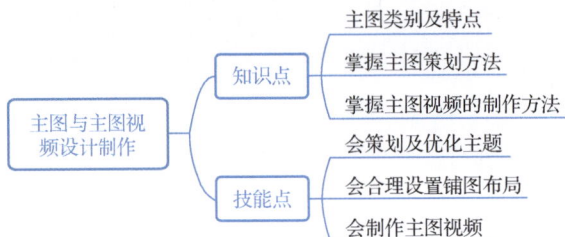

主图与主图视频设计制作

知识点
- 主图类别及特点
- 掌握主图策划方法
- 掌握主图视频的制作方法

技能点
- 会策划及优化主题
- 会合理设置铺图布局
- 会制作主图视频

引例

淘宝网在中国是非常受欢迎的网购零售平台,截至2017年5月,淘宝网拥有超5亿的注册用户,每天有超过6000万的固定访客,每天在线商品数已经超过了8亿件,平均每分钟售出4.8万件商品。淘宝的市场是巨大的,并且几乎没有入驻门槛,所以很多人选择去做淘宝,开网店,但成功存活下来的店铺寥寥无几,倒闭的店铺往往是因为没有流量。

很多人在操作店铺的时候通常只在意运营层面上的技巧,如怎样才能提高店铺流量等,这些问题固然重要,但是视觉也是店铺内功的一个重要组成部分,如果内功不行,修炼再多的招式也只是花拳绣腿。下面看一个经典案例。

如图5-1所示,是一张婴儿纸尿裤的图片初稿,并不是很有创意,因为产品的卖点是用文字说明的(大标题)。初稿完成后设计者找了很多人来看,记录下他们浏览不同位置的先后顺序和重点查看的区域,进行视线轨迹研究(见图5-2),发现人们往往把他们的卖点(大标题)放在最后浏览。那么这些人是否能对大标题产生深刻印象呢?于是他们又做了另外一个实验。

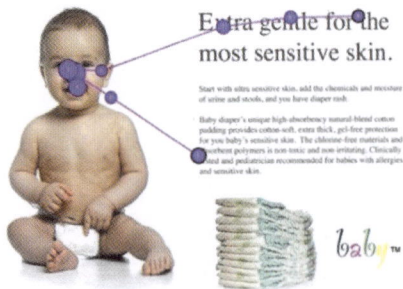

图 5-1 视线轨迹研究图

图 5-2 视线热点研究图

通过记录统计发现，人们的目光都聚焦在了婴儿的脸上（红色位置为重点浏览位置），对产品卖点的关注可以忽略不计！可以说这是个失败的广告。之后设计者又通过进行简单的修改，吸引人们的目光转到文字标题上（见图 5-3）。

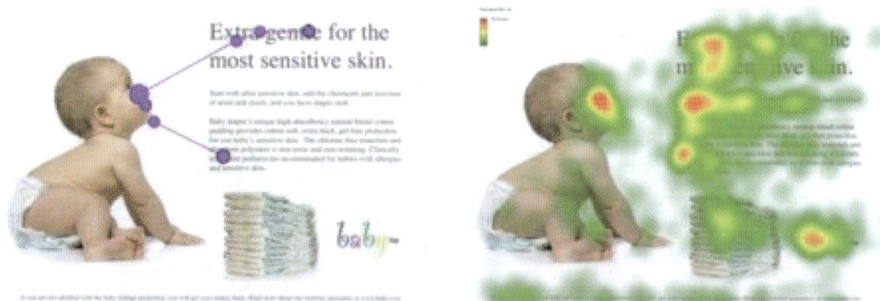

图 5-3　修改后的视线热点研究图

引例分析

上面案例中的图片，通过简单的调整达到了向卖点引导的目的！在视线热点图上，可以看到红色的部分出现在了标题上，这是一个非常著名的案例。通过这个案例的学习，可以了解到主图的设计尤为重要，它直接关系到买家会不会将视线转移到产品上，能否产生好奇心，愿不愿意点击进去继续浏览宝贝详情页。下面针对主图的设计与制作进行详细的学习与探索。

（资料来源：http://blog.sina.com.cn/s/blog）

任务 1　主图设计与制作

5.1.1　主图类别及功能

1. 主图介绍

什么是淘宝主图？主图都会出现在哪几个页面中？这是网店美工初学者经常遇到的问题。宝贝主图经常出现在搜索页、首页、商品详情页、宝贝分类页 4 个页面中，如图 5-4 和图 5-5 所示。

大部分买家会通过淘宝首页的搜索框输入自己想要购买商品的关键

认识商品主图

词，进入宝贝搜索排序页面。在宝贝排序页面会呈现出各个卖家的宝贝主图，买家通常会通过自己的视觉判断去点击喜欢的精美、优质、优价的商品主图，点击主图后再进入商品宝贝详情页面细致了解宝贝的详细信息。如果对主图和详情页都满意，消费者就会收藏作为备选宝贝或通过旺旺沟通咨询下单。接下来会发生多种情况：第一种情况，直接下单付款成交；第二种情况，买家觉得卖家商品不错，会继续点击商家店铺首页，再寻找店铺中是否还有其他自己喜欢的商品，如图 5-6 所示；第三种情况，因与客服讲价失败或其他因素影响而未下单，暂时放进购物车中待选等。

图 5-4 搜索页中的宝贝主图

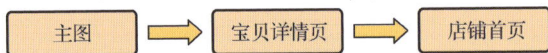

图 5-5 首页中的宝贝主图

消费者淘宝购物路径

图 5-6 消费者淘宝购物路径

2. 主图类别

主图通常分为三个类别：品牌式主图、标签式主图和常见式主图。下面讲解不同类型的主图风格。

（1）品牌式主图

品牌式主图设计

品牌式主图也称为品牌 LOGO 式主图。对于有品牌商品的卖家来说，不需要制作非常复杂的主图，设计一些带有品牌 LOGO 的主图上传到网店即可进行销售。在设计品牌式主图的时候，要让该主图凸显品牌形象和品牌定位，以凸显品牌 LOGO 为视觉点即可。在网店中常应用于品牌商标、驰名商标等具有优质口碑、高影响力、高知名

度的产品，如图 5-7 所示。

图 5-7　品牌 LOGO 式主图

（2）标签式主图

在广告及搜索引擎中可以非常容易见到带有促销价位及相关信息的标签主图。如图 5-8 所示的宝贝主图的促销标签，会相应增加商品宝贝的点击率。标签式促销主图如图 5-9 所示。

标签式主图设计

图 5-8　标签按钮式主图

图 5-9　标签式促销主图

（3）常见式主图

品牌 LOGO 式主图的制作对新手而言相对简单一些，而且很多消费者会通过品牌关键词直接搜索选中产品，没有必要在主图上加价格、产品卖点方面的信息，加上信息反而感觉产品档次下降了。但对于无品牌或影响力较弱的品牌产品来说，主图上加上一些价格信息、促销信息、卖点信息会增加商品主图的点击率及访问量，如图 5-10 所示。

常见式主图设计

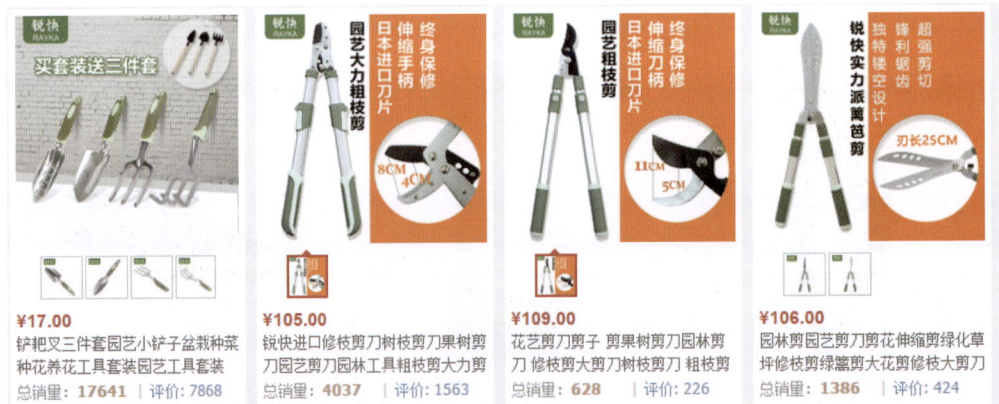

¥17.00
铲耙叉三件套园艺小铲子盆栽种菜种花养花工具套装园艺工具套装
总销量: 17641 | 评价: 7868

¥105.00
锐快进口修枝剪刀树枝剪刀果剪刀园艺剪刀园林工具粗枝剪大力剪
总销量: 4037 | 评价: 1563

¥109.00
花艺剪刀剪子 剪果树剪刀园林剪刀 修枝剪大剪刀树枝剪刀 粗枝剪
总销量: 628 | 评价: 226

¥106.00
园林剪园艺剪刀剪花伸缩剪绿化草坪修枝剪绿篱剪大花剪修枝大剪刀
总销量: 1386 | 评价: 424

图 5-10　常见式主图

3. 主图的功能

宝贝主图到底有什么样的功能呢？在淘宝网店的设计和优化中，主图的设计、宝贝详情页、店铺的装修三者都很重要，三者都能影响淘宝店铺的最终转化率。通过上面分析到的消费者淘宝购物路径，可以看到宝贝主图是消费者进入淘宝店铺的最先入口，设计出好的主图尤为重要。好比"眼球经济"中提到的依靠吸引公众注意力获取经济收益的一种经济活动，在现代强大的媒体社会推波助澜之下，眼球经济比以往任何一个时候都要活跃。宝贝主图更需要眼球，只有点击率才是主图价值的集中体现。主图决定了点击率，详情页决定了转化率，主图是详情页的精华所在，是整个详情页的缩影，因此主图的功能不言而喻。一个优质的主图主要有 3 个功能，如图 5-11 所示。

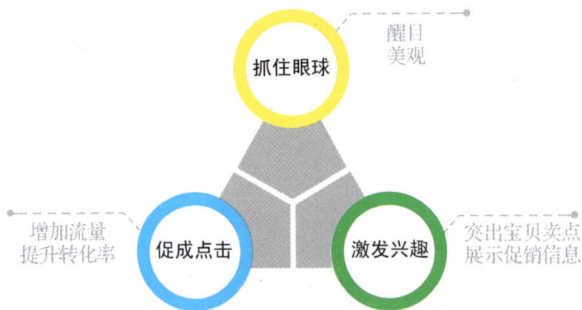

图 5-11　主图的功能

（1）抓住眼球，主图的设计讲究醒目和美观两个设计要点。

（2）激发兴趣，图片的设计能够做到突出宝贝卖点，展示出产品的促销信息。

（3）促成点击，点击就意味着会增加店铺的流量，从而促成转化率的提升。

5.1.2　策划常见式主图

1. 走出"牛皮癣"误区

对于网店新卖家来说，由于对图片设计软件的陌生以及对设计理念和图片美感的缺乏，往往会制作出一些令消费者失望的图片。

如图 5-12 所示的"牛皮癣"图，是在一张原本很美观的商品图描上一个大红色的框，然后在商品上面贴上大大的诸如"包邮"、"秒杀"等字样，让人们在视觉上产生零乱、突兀的感觉。更有一些掌柜为了追寻一种个性、非主流的主图，用细节局部图来代替主图，也直接影响了买家的浏览兴趣，导致流量跳失。

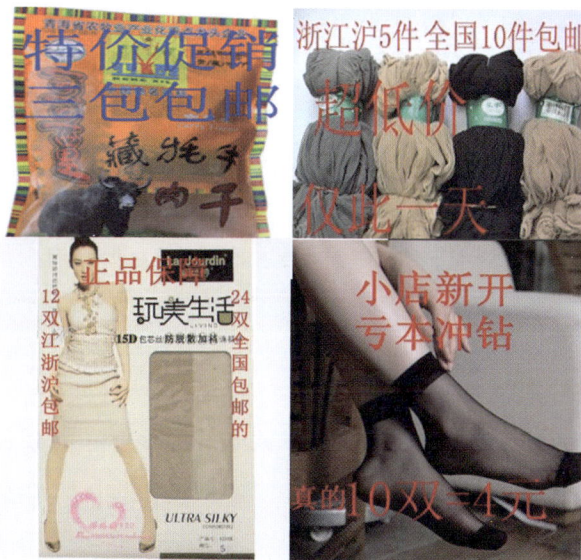

图 5-12　"牛皮癣"主图

要走出"牛皮癣"误区，并不是文字越多卖点就能体现得越全面，看到这些主图时买家的购买欲望有多高？答案很明显，大部分买家会觉得图片本身还不错，但加上这些乱放的文字就像长了牛皮癣，反而不好看了。

淘宝官方建议：文字促销块信息不加为好，如果增加文字，应控制在 20% 面积以内。

2. 策划主图

一般情况，策划宝贝主图的时候主要围绕以下 7 个方面进行。

序号	设计元素	作用及要求
1	主图产品要清晰	以产品为中心，不能让其他元素喧宾夺主
2	主图要有背景	可凸显产品本身吸引人的眼球
3	主图中卖点突出	用户需求的卖点提升可以增加转化率
4	主图中可以设有价格	价格营销也是一种手段
5	主图中可以有明确的促销信息	限时特惠价或限时促销可吸引买家下单
6	主图设计边框	聚焦并增加点击量
7	主图设计行为驱动指令	只要看到就想点击店铺的目标或图案

其中，重点说明一下策划主图时，宝贝卖点提炼的表现方式。大家都知道主图不仅仅是宝贝详情页的门面，最重要的一点是它可以准确、快速地抓住买家眼球，让买家有购买的欲望从而继续了解商品。那么，主图卖点的提炼就不能像详情页中的卖点提炼那样详尽地从每一处着手，而是以一张图的形式提炼宝贝最主要的卖点，这就要求卖家在主图的卖点提炼上具有选择的高度精准性，让主图更具吸引力。在策划时要换位思考，把自己当成是浏览该宝贝的买家，从买家的角度出发进一步选择。其表现形式有以下两种。

（1）以图说话

在首图中提炼卖点最直观的方法就是用图说话。图5-13所示的粘钩主图，主图中没有一句文案能体现该宝贝黏性很强，但是人们可以看到图片中所销售的粘钩可以承受住一个人的重量，那么该宝贝的黏性和质量就不言而喻了，粘钩的卖点也就被表现得淋漓尽致。

（2）文字衬托

在主图中因其大小因素的影响会导致一些宝贝的卖点被忽视掉，所以就强调将宝贝最核心的卖点设计到主图中去。买家最想了解产品什么，使用既简洁又精髓的文案呈现出来，如图5-14所示，卖家在主图中加入了一定的文案设计，锋利不生锈、抗菌耐用、高性价比、淘抢购等，分别从宝贝质量、做工、限时抢购等买家比较关心的方面着手体现产品锋利的独特卖点。与有图无文的主图相比，加大了竞争力，让买家单单通过一张主图便能对产品本身有一定了解，从而增加大买家点击进入详情页的概率。

图5-13　以图说话的主图

图5-14　文字衬托的主图

3. 设计技巧

（1）主图大小

主图一般采用正方形图片，最小尺寸为310像素×310像素，不具备放大效果。淘宝官方建议尺寸为800像素×800像素～1200像素×1200像素，该尺寸主图具备放大效果。

（2）突出主题

在设计主图时要突出主题，而且背景一般采用纯洁的单色调。纯色背景的好处：突出商品，给人清晰干净的感觉，易于添加文字说明。

（3）文字搭配技巧

简——简单明了，比如"包邮"而非"国庆包邮"。

精——用最少的字表达出商品更多的信息。

明——一针见血，打折信息、产品优势、产品功能。

（4）文字颜色搭配

常见的最佳搭配颜色系列有红底白字、红底黄字、黑底白字、蓝底白字、红底黑字。

如图 5-15 所示，主图中产品清晰、卖点突出、促销信息明确，主图的文案策划、颜色搭配、主题的凸显都设计得比较合理。不要小看主图中的文案策划，好的文案可以让买家一目了然地认知产品本身又不会占用太多版面，一张主图的空间有限，合理策划优质文案，更容易提升主图本身的价值。

图 5-15　产品清晰、卖点突出、促销信息明确的主图

5.1.3　设计制作常见式主图

步骤 1：新建一个 800 像素 ×800 像素的空白背景图层。

步骤 2：使用选框工具，框选出一半颜色，填充为棕色，如图 5-16 所示（使用选框工具建好选区后，一定要新建一个图层，才能完成填充）。

主图分类及设计要点

步骤 3：将已抠好的产品图拉入图层，选择混合选项，对其设置一点阴影，让产品看上去更加立体化，有质感，如图 5-17 所示。

步骤 4：用选框工具选择椭圆，按住 Shift 键拉出正圆选区，然后选择橙色图层，按 Delete 键删除选中的橙色部分。把已抠好的刀片头拉入图层，对其设置一点阴影，然后再调整图层顺序，如图 5-18、图 5-19 所示。

图 5-16　填充棕色

图 5-17　设置阴影

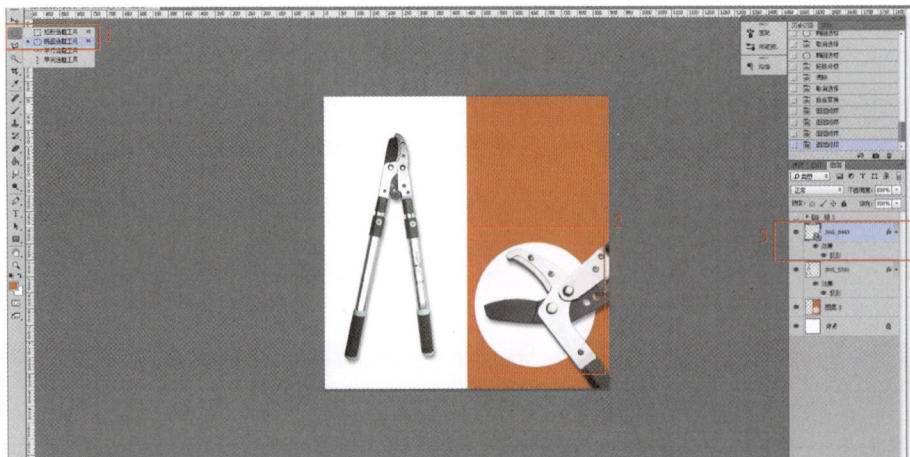

图 5-18　将刀片头拉入图层

图 5-19　调整图层顺序

步骤 5：选择直线工具，连接好两个刀口，再选择文字工具，输入参数，如图 5-20 所示。

图 5-20　输入参数

步骤 6：选择文字工具，选择直排文字工具，输入文字，再适当调整文字的间距、位置，使其对正整齐，如图 5-21 所示。

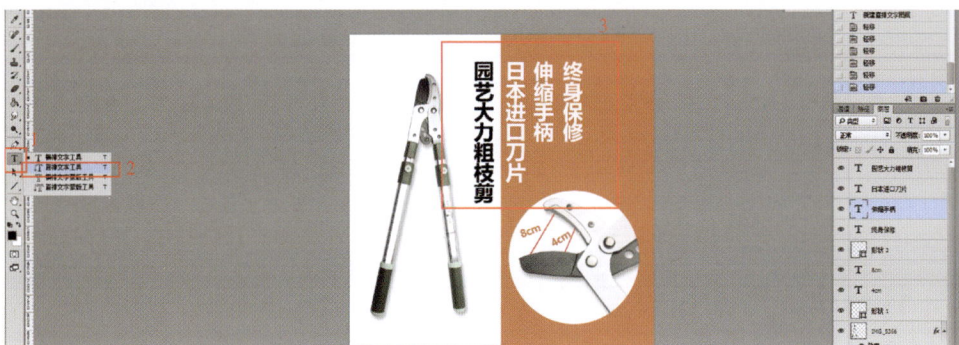

图 5-21　输入并调整文字

步骤 7：选择"自定义形状工具"，根据步骤，选出椭圆矩形框图形。选择绿色为前景色，进行图形绘制，如图 5-22、图 5-23 所示。

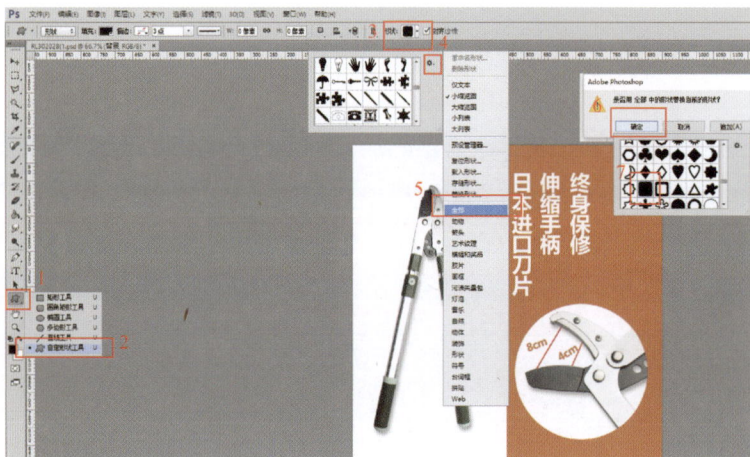

图 5-22　选出椭圆矩形框　　　　　　　　　图 5-23　进行图形绘制

步骤 8：输入文字"锐快 RAYKA"，调整图片和文字的位置。再给 LOGO 标志图层加上一些淡淡的投影（混合选项 Fx> 投影功能），如图 5-24 所示。最后保存为 JPEG 或者 PNG 格式，常见式主图就完成了，如图 5-25 所示。

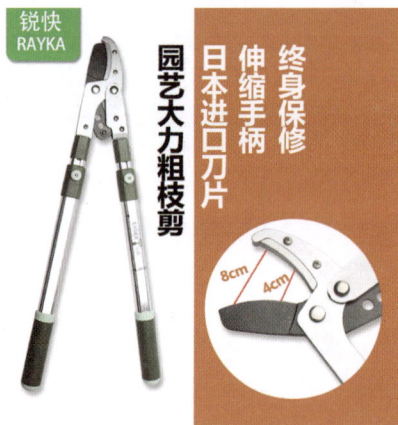

图 5-24　为标志图层加投影　　　　　　　　　图 5-25　效果图

小贴士

转化率影响因素——5 张主图约占 40%，请扫描二维码进行学习。

转化率影响因素

◆ 任务 2　辅图设计与制作

5.2.1　辅图的作用

在上传商品主图的时候，通常情况下美工人员会准备 5 张主图。第一个位置习惯称为主图，后面 4 个位置称为辅图。顾名思义，辅图就是辅助第一张主图的图片，主图与辅图虽然没有明显的界定，但纵观淘宝网店的主图位置，基本都遵循了这个规律。

辅图的作用有哪些呢？在第一张主图体现不出细节及其他卖点等特性的地方，我们会放在后面 4 个位置来表现产品独有的特点，让买家全方位了解商品信息。细节彰显品质，大部分产品基本上都会给买家提供细节展示，但很多卖家会忽视辅图的作用。辅图可以是一些产品细节特写图片，不仅能让买家有更好的购物体验，更有利于商品转化率的提升、店铺和商品搜索权重的提升。目前，淘宝平台已经全面支持细节特写和放大镜功能，不需要再单独申请。

5.2.2　策划辅图布局

商品主图共有 5 张，第一位置主图的策划已在 5.1.2 中讲过了，如何布局剩余 4 个位置是接下来要学习的内容。

（1）5 张主图展示顺序分别为商品正面图（可以是模特图），商品反面图或侧面图，能展现商品特点或品质的 3 张细节图，如图 5-26 所示。

图 5-26　商品 5 张主辅图

（2）在策划时，5 张主图应该是同一款商品且大小均为 800 像素 ×800 像素以上的正方形图片。

（3）如果同一款商品有多种颜色，建议 5 张商品图用同一种颜色展示，其他颜色或款式可以在宝贝详情页中进行展示。

（4）在商品细节展示中可以包含款式特写、做工特写、材料特写、配件等特点。细节图最重要的特点就是辅助第一张主图表现商品独特设计的要素等信息。

（5）在策划细节图的时候，要求摄影师微距拍摄商品细节，商品细节要占据整张图的 70%。切记细节图一定要重新拍摄，不能在原主图上裁剪完成。

5.2.3 设计制作辅图

步骤 1：打开实际拍摄好的宝贝主图，如图 5-27 所示。

步骤 2：打开品牌 LOGO 图片，如图 5-28 所示。

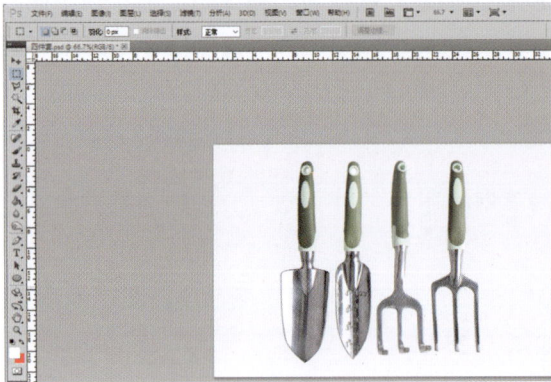

图 5-27　宝贝主图

图 5-28　品牌 LOGO 图片

步骤 3：如图 5-29 所示，点击区域选择矩形选框工具（A），用选框工具选中 LOGO"锐快 RAYKA"图标（B），在编辑菜单栏中选择拷贝命令（C），或按快捷键"Ctrl+C"完成。

步骤 4：按"Ctrl+Tab"组合键切换图片回到主图界面。

步骤 5：在主图界面中，按"Ctrl+V"组合键粘贴图片，如图 5-30 所示。

图 5-29　拷贝图片

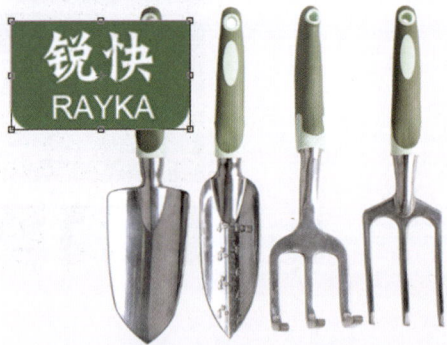

图 5-30　粘贴图片

步骤 6：点击移动键，将"锐快 RAYKA"图标移动到左上角位置，再使用自由变换快捷键"Ctrl+T"将图片变小，效果如图 5-31 所示。

步骤 7：如图 5-31 所示，点击图层面板下方"正常"栏右侧按钮（A），出现菜单栏（B），选择"正片叠底"，出现最终效果图，如图 5-32 所示。

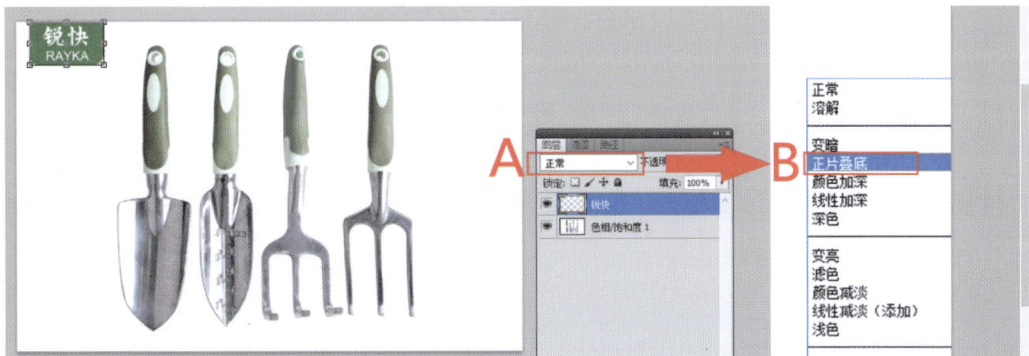

图 5-31　自由变换"锐快"图标并使用正片叠底功能

图 5-32　最终效果图

✔ 任务 3　主图视频制作

5.3.1　主图视频的优点

　　客服在工作过程中发现，许多新顾客对商品的使用缺乏了解，总会询问关于商品的使用方法和效果，给客服带来了很大的工作量。为了让商品能更直观地展现在顾客面前，可以让顾客更直观地了解产品功能，淘宝推出了主图视频这一新功能。主图视频以 9 ~ 30 秒以内的影音动态呈现，它替代了原有的纯图片商品主图，让商品更加形象、生动地展现在买家面前，让商品更具有真实性。主图视频可以动态展示商品，吸引买家眼球，增加顾客停留时间；更可以有效地在短时间内提升买家对商品的认知和了解，促进买家做出购买决定。

5.3.2　主图视频的要求

　　淘宝视频支持计算机端视频和无线视频，所需视频的高宽比为 1∶1，为了达到一定的清晰度，分辨率最好大于 800 像素 × 800 像素，总视频不能超过 2G。如果是无线视频，在无线端和计算机端均可发布，只支持上传大小不超 30M、时长不超过 3 分钟的视频。

主图视频上传支持所有视频格式，淘宝后台会对上传的视频进行统一转码审核，常见的视频格式有 AVI、MOV、ASF、WMV、NAVI、3GP、REALVIDEO、MKV、FLV（不支持 gif 动态图片格式），在主图视频的拍摄中，要做到以下几点。

（1）提炼卖点。要创造、发掘商品无可替代之处，进而让品牌深入人心。卖点应具有容易理解、便于传播的特点，对消费者有较强的吸引力。

（2）精准定位。分析产品面对的客户群体，针对不同消费群体应有不同的拍摄风格。

（3）画面生动。以艺术化的方式加入商品信息，让买家可以在饶有兴趣观看视频的同时，感受到卖家所要传递的信息。

5.3.3 巧用会声会影制作主图视频

主图视频的制作软件有很多，刚刚接触美工设计的初学者可以使用会声会影（Corel Video Studio）软件。该软件是加拿大 Corel 公司开发的一款功能强大的视频编辑软件。它具有图像抓取和编修功能，提供上百种编制功能与效果，支持导出多种常用视频格式。该软件操作简单易懂，界面简洁明快，在国内的普及度较高。在这里推荐的其他软件有 AE（Adobe After Effects）、PR(Adobe Premiere)、EDIUS 等。其中，EDIUS 在剪辑方面更为简便，但不能自制字幕。具体制作过程如下。

步骤 1：在计算机上安装会声会影视频制作软件。

步骤 2：打开会声会影软件，如图 5-33 所示。

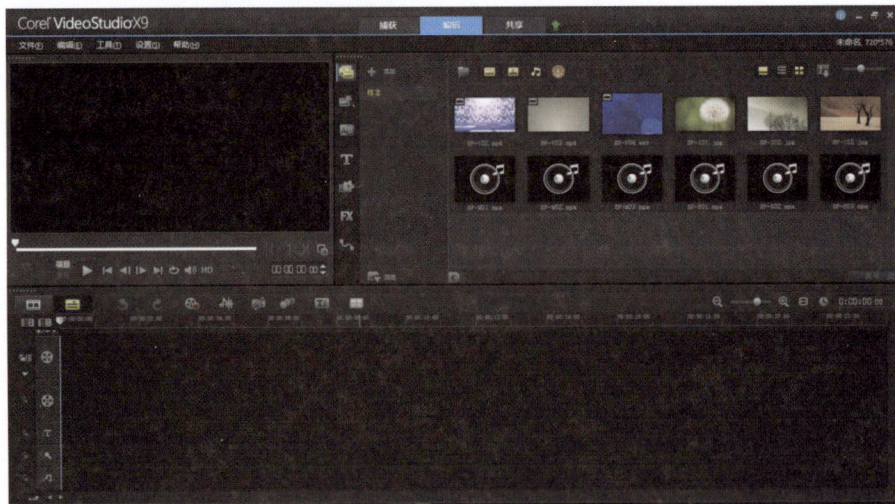

图 5-33　打开会声会影

步骤 3：将准备好的素材拖入到素材库，如图 5-34 所示。

步骤 4：裁剪视频。由于淘宝主图视频要求时间为 9 秒内，需要裁剪图片的时长。选中一段视频，把时间轴拖到想要裁剪的位置，然后单击"剪刀工具"。图片被剪断后，选中删除的部分，按 Delete 键就可以完成删除操作了。按照这个方法裁剪其他几段视频，直到加起来整个长度为 9 秒，如图 5-35 所示。

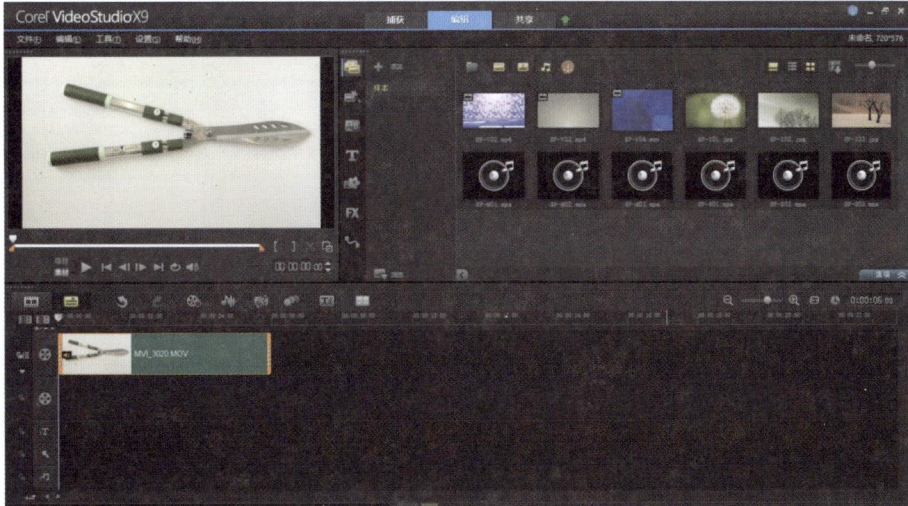

图 5-34　将图片拖入素材库

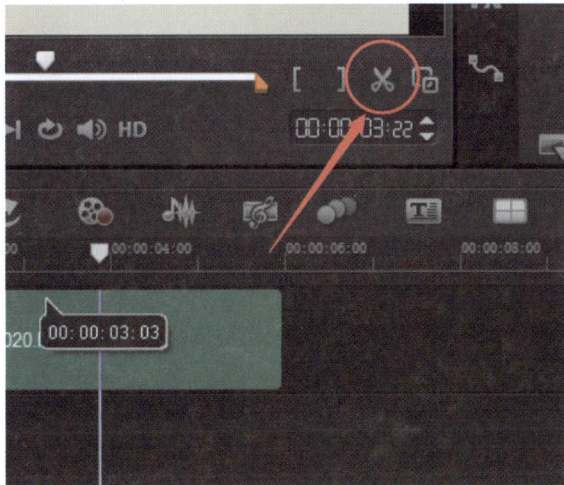

图 5-35　用剪刀工具对图片进行分割

步骤 5：用文字工具，并选择合适的样式，为图片加上适当的文字说明，如图 5-36 所示。

图 5-36　选择文字样式

步骤 6：根据需要添加转场效果，如图 5-37 所示。

图 5-37　添加转场效果

步骤 7：导入音乐素材，放入音频轨道，具体方法和视频的方法一样，如图 5-38 所示。会声会影也有自带音乐模板，可在图中打开并选择，如图 5-39 所示。

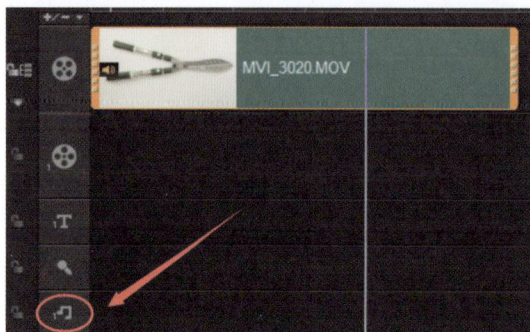

图 5-38　添加音乐

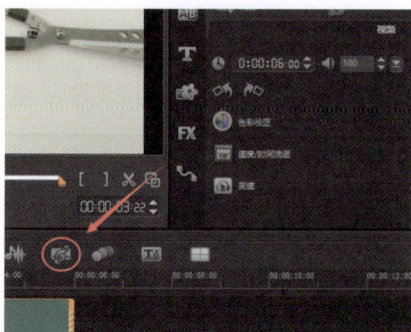

图 5-39　自带音乐模板

步骤 8：保存视频。视频制作好之后就可以保存了，点击"分享→创建视频文件"，如图 5-40 所示。由于淘宝主图视频要求比例为 1∶1，所以需要自定义视频大小，单击 "自定义"选项，如图 5-41 所示。保存类型为 AVI，在"选项"→常规面板下将帧大小设置为 800 像素 ×800 像素，如图 5-42 所示。

图 5-40　保存视频文件

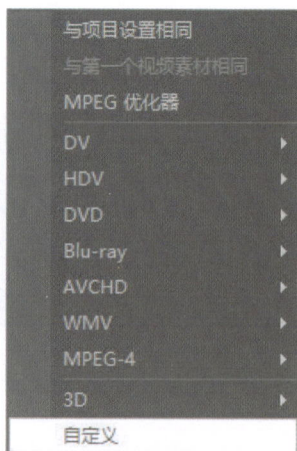

图 5-41　选择"自定义"选项

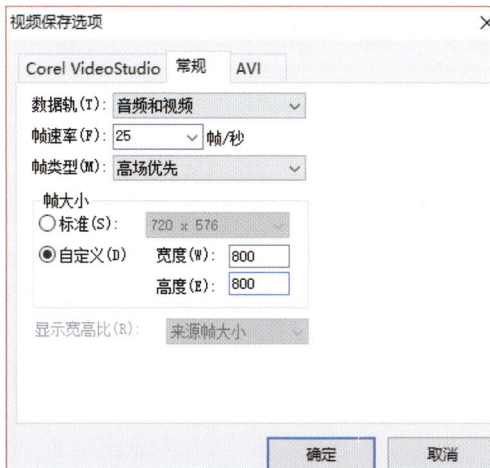

图 5-42　"视频保存选项"对话框

同步阅读

如何策划主图

　　每一位中小卖家都希望自己的店铺能够日销过万，月销过百万，而实现此目标的关键应是策划一个完美的主图。因此，首先需要知道客户的痛点和你能带给他们的利益价值点是哪些，然后才能让消费者乖乖买单。不然，消费者为什么要买你的商品而不去买其他店铺的商品呢？

第一点：你需要知道自己面对的消费人群是哪些

　　前期多做数据的分析和研究，可以让掌柜们少走弯路，搜索相应关键词可以看见人群画像、性别、年龄占比、消费层级等，根据这些可以较为精准地判断哪些人群会购买自己的商品。比如经常搜索大码女装的人群形象比较固定，这些都会成为卖家挖掘消费群体痛点的依据。客户群体分析得越透彻，定位也就越准确，找到的卖点就越精确。如图5-43所示为某商品的地域分布图解读。

第二点：如何出手

　　如果是劣质孕妇商品，不仅会对孕妇本身造成伤害，还可能会对胎儿造成影响。不管是什么年龄的产妇，不管是什么消费水平的孕妇，对商品安全健康的要求肯定是放在第一位的，这就是购买孕产客户最大的痛点！同理，女装商品肯定是修身、显瘦；母婴商品肯定是健康；生鲜肉类商品肯定是产地和养殖环境，不然为何大老远的去内蒙古、新疆这些地方购买！不同的店铺，品类、核心卖点和痛点的调性都不一样！要想找到自己类目消费者的痛点，还需要自己去分析，找到消费者想要什么，再分析自身宝贝的特点是什么，能不能符合消费者的需求。

第三点：需求精准卖点

　　当你的商品找到了自己的卖点，以及消费者所需要的价值点之后，还需要掌握描述价值点的技巧，不管是内页还是主图，都需要一个描述商品价值点的逻辑顺序。以电子产品为例：第一，概括商品总体；第二，细节描述（特点、质量）；第三，商品整体细节图；第四，消除消费者的痛点（揣摩消费者心理活动，帮助其消除心理障碍）；第五，价值点在哪里；第六，让客户心里的石头放下来，认证安全、认证健康、认证产品质量。以上描述必须符合以下几点，首先是精准目标人群，然后是能接受价格段的消费者，最后就是流量必须精准！

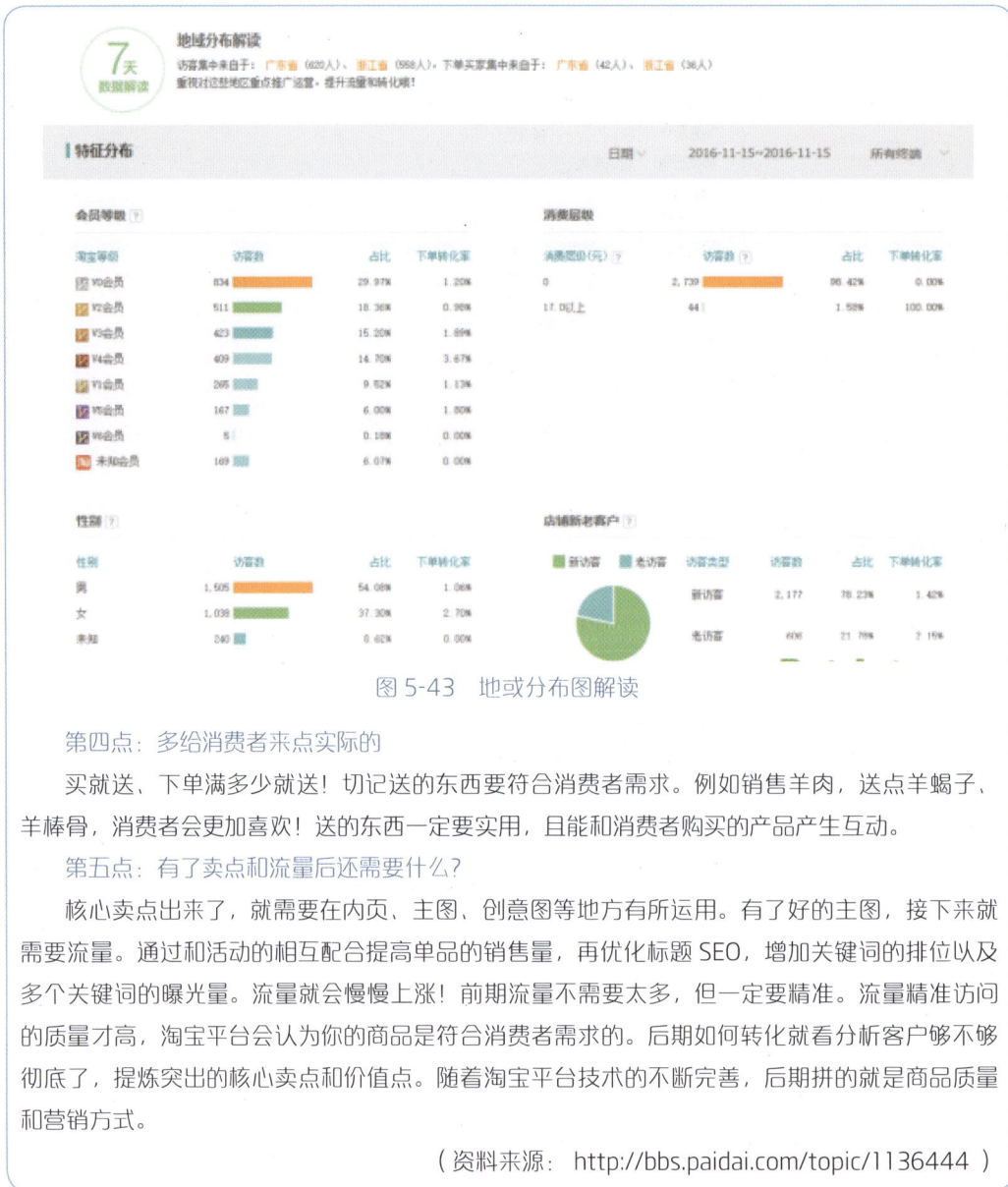

图 5-43　地或分布图解读

第四点：多给消费者来点实际的

买就送、下单满多少就送！切记送的东西要符合消费者需求。例如销售羊肉，送点羊蝎子、羊棒骨，消费者会更加喜欢！送的东西一定要实用，且能和消费者购买的产品产生互动。

第五点：有了卖点和流量后还需要什么？

核心卖点出来了，就需要在内页、主图、创意图等地方有所运用。有了好的主图，接下来就需要流量。通过和活动的相互配合提高单品的销售量，再优化标题 SEO，增加关键词的排位以及多个关键词的曝光量。流量就会慢慢上涨！前期流量不需要太多，但一定要精准。流量精准访问的质量才高，淘宝平台会认为你的商品是符合消费者需求的。后期如何转化就看分析客户够不够彻底了，提炼突出的核心卖点和价值点。随着淘宝平台技术的不断完善，后期拼的就是商品质量和营销方式。

（资料来源：http://bbs.paidai.com/topic/1136444）

◤ 同步实训

实训 1　品牌式主图设计与制作

实训目的

通过品牌式主图设计实践，熟练掌握主图设计流程，掌握品牌式主图制作方法，加深对主图设计的概念及特点的感性认识。

实训内容与步骤

步骤 1：打开"主图素材"，如图 5-44 所示。观察这张图，就会发现这样的特点：表带下端若适当缩短，表的整体会更好看；固定架的边缘影响了手表的显示，应做适当处理；背景接近白色，可以设法将大部分的背景改为白色从而不用抠图。

图 5-44　主图素材

步骤 2：按"Ctrl + J"组合键，复制出一个新的图层（图层 1）。按"Ctrl + T"组合键后点右键，选择"变形"选项，推动手表下端的表带部位进行变形，让表带稍微收缩，如图 5-45 所示，按回车键确认。

图 5-45　变形

步骤 3：执行"窗口→导航器"命令，调出导航器。通过导航器放大或缩小手表图像，设置白色前景色，用画笔工具给手表主体以外的部分涂上白色。其效果如图 5-46 所示。

步骤 4：选择"裁剪工具"，在工具选项栏上设置裁剪的长 × 宽为 800 像素 × 800 像素。编辑裁剪的边框，让手表处于画布中间，按回车键确定裁剪。裁剪效果如图 5-47 所示。

步骤 5：单击图层面板中的"创建新的填充或调整图层"按钮，为图像加一个"曲线"调整图层,如图 5-48 所示。设置曲线参数,其效果如图 5-49 所示。

图 5-46　背景涂色后效果图

图 5-47　裁剪后效果图

图 5-48　添加曲线图层

图 5-49　设置曲线参数后的效果图

步骤 6:打开"宝丽爵 LOGO",将 LOGO 拖放到手表图像的左上角,调整其大小、位置,最终效果如图 5-50 所示。

图 5-50　添加 LOGO 后效果图

实训 2　主图视频的设计与制作

实训目的

通过主图视频的设计实践，熟练掌握主图视频的设计流程，能够熟练操作视频制作技能，加深对主图视频设计概念及特点的认知。

✔ 实训内容与步骤

步骤 1：打开会声会影软件，单击"文件→新建项目"，新建一个空白项目，如图 5-51 所示。

图 5-51　打开会声会影软件

步骤 2：选择左侧工作面板的打开图标，导入事先准备好的素材，如图 5-52 所示。

图 5-52　选择导入素材工作面板

步骤 3：选取准备好的几张图片，按住"Ctrl+A"组合键全选，如图 5-53 所示。

步骤 4：看到工作面板左侧"图片"一项中已经有打开的图片后，再把需要的图片逐张拖入视频轨道，如图 5-54 所示。

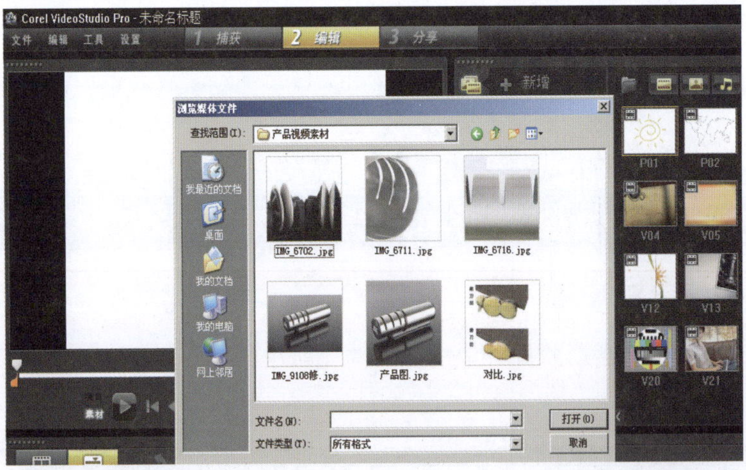

图 5-53　选取图片

图 5-54　视频轨道

　　步骤 5：由于淘宝主图视频要求时间控制在 9 秒内，但这里的图片拖入之后明显已经超过了 9 秒，这时就需要裁剪图片的时长。具体方法为：选中一张图片，把时间轴拖到想要裁剪的位置，然后点击剪刀工具，就可以看到图片被剪断了，然后选中要删除的一段，按 Delete 键删除。采用同样方法裁剪其他几张图片，直到整个视频长度只有 9 秒，如图 5-55 所示。

　　步骤 6：按照 9 秒裁剪好视频长度。如果想添加音乐也可以用打开图片的方式打开一段音乐，然后把音乐拖入音频轨道，具体方法和图片一样，如图 5-56 所示。

　　步骤 7：保存制作好的视频，单击"分享→创建视频文件"。由于淘宝主图视频要求比例为 1∶1，所以要按照要求进行自定义，如图 5-57 所示。

图 5-55　裁剪图片

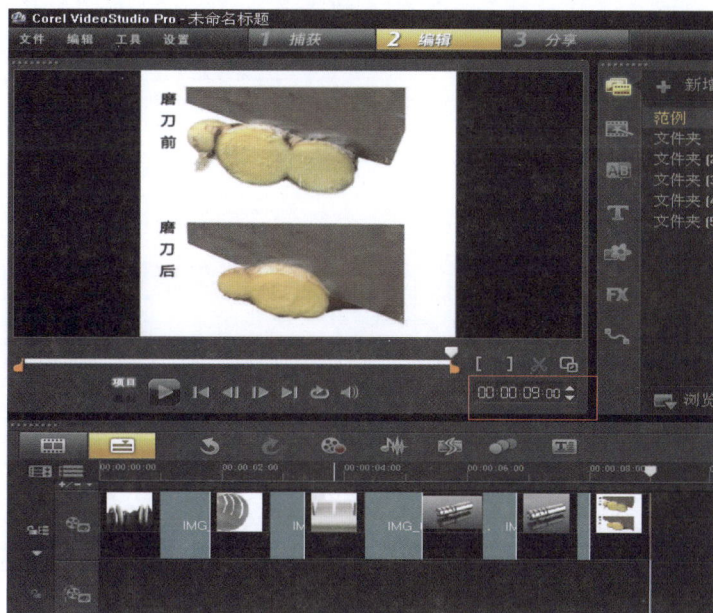

图 5-56　音乐轨道

图 5-57　创建视频文件

　　步骤 8：单击"自定义"按钮后弹出一个设置窗口，输入文件名，然后选择视频保存的类型，淘宝主图视频支持多种格式，本案例选择的是淘宝较常见的 AVI 格式，如图 5-58 所示。

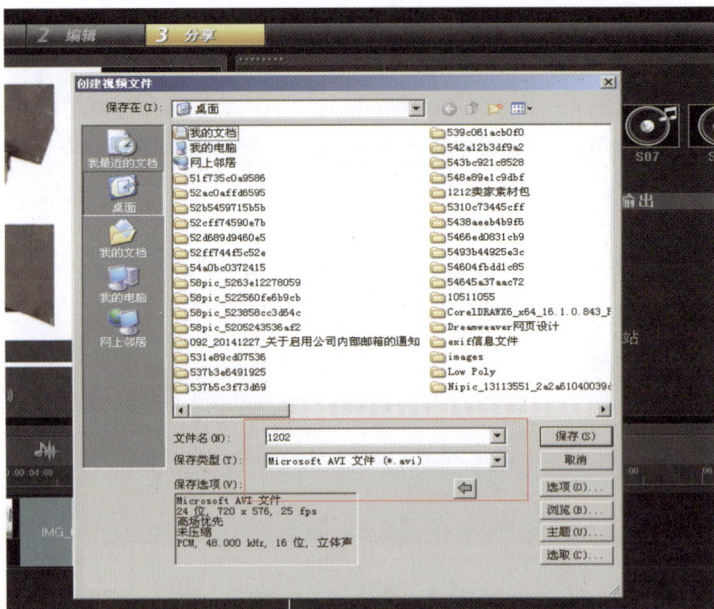

图 5-58　文件名与视频保存类型设置

　　步骤 9：接下来需要设置视频的大小。单击"选项"，在弹出的窗口中选择"常规"选项，在"自定义"选项里按照 1：1 规格设置视频尺寸，大小设置成 800 像素 ×800 像素，单击"确定"按钮，如图 5-59 所示。

图 5-59　视频大小设置

步骤 10：主图视频制作完成，可以选择预览效果，并选择上传到淘宝后台。

✔ 实训提示

设计主图的时候要注意淘宝平台对图片尺寸和大小的要求，还要保证图片中主体物品清晰干净、大小适中，背景色与主体商品颜色搭配和谐，适合店铺的整体风格，视频制作可以使用会声会影软件，也可以使用其他软件。

📌 项目小结

淘宝主图无论从何种角度进行设计，用多么高明的设计手法，都是为了提升点击率以提升成交率。这些淘宝主图统称为营销图。主图的促销信息和亮点表现千万不能让人产生喧宾夺主的感觉，不要超过主图的 1/3，应把最给力的信息写清楚，内容应尽量简单，字体统一保持在 10 个字以内，做到简短、清晰、有力。

主图设计的效果最能反映设计师的设计水准，每张好的主图都是设计师实践经验的积累。在设计营销性主图过程中，要记住 8 个字——文案吸引、卖点突出。

🌸 同步测试

一、单项选择题

1. 淘宝详情页主图最多可上传（　　　）张图片。

在线测评 5

A. 3　　　　　　　　B. 4　　　　　　　　C. 5　　　　　　　　D. 6

2. 淘宝详情页 PC 端主图视频的播放时间为（　　　）。

A. 5 秒　　　　　　　B. 9 秒　　　　　　　C. 30 秒　　　　　　　D. 9 ～ 30 秒

3. 在主图文案中不允许出现的敏感广告词是（　　　）。

A. 完美　　　　　B. 漂亮　　　　C. 第一　　　　D. 保修

4. 消费者淘宝的购物路径是（　　　）。

A. 主图→店铺首页→宝贝详情页　　B. 主图→宝贝详情页→店铺主图

C. 宝贝详情页→主图→店铺主图　　D. 宝贝详情页→店铺主图→主图

5. 主图的类别有（　　　）。

A. 品牌式主图、标签式主图、常见式主图

B. 品牌式主图、标签式主图

C. 常见式主图

D. 标签式主图、常见式主图

二、多项选择题

1. 淘宝主图的功能有（　　　）。

A. 吸引眼球　　　B. 激发兴趣　　　　C. 促成点击　　　　　D. 成功下单

2. 在策划宝贝主图时，应围绕（　　　）进行设计。

A. 主图产品清晰有背景　　　　　　B. 产品卖点突出

C. 明确的促销信息　　　　　　　　D. 设计聚焦边框

3. 最新广告法中，（　　　）词是禁用的。

A. 第一　　　　　B. 顶级享受　　　　C. 著名　　　D. 金牌

三、简答题

1. 简要说明淘宝商品主图的要求有哪些。

2. 制作促销图时会用到哪些不规则的矩形？应怎样制作？

项目 6　PC 端与移动端详情页设计制作

重点难点

详情页布局的掌握；详情页文案策划能力；宝贝焦点图的设计构思；PC 端和移动端详情页的制作技能掌握。

项目导图

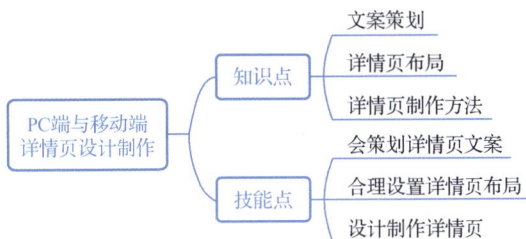

知识点
- 文案策划
- 详情页布局
- 详情页制作方法

PC端与移动端详情页设计制作

技能点
- 会策划详情页文案
- 合理设置详情页布局
- 设计制作详情页

引例

　　大型超市都是自选销售模式，并将超级市场和折扣店的经营优势合为一体，这是一种满足顾客一次性购物需求的零售业态。合理布局和科学的商品陈列对于吸引顾客具有极为重要的作用。通过新颖、活泼、更具吸引力的卖场布局和商品陈列，可以直接或间接提高门店营业效率。但现实生活中，很多卖场在布置中存在一些问题，例如：

　　（1）辅助设施安排不合理，放雨伞和放东西的地方设在门口处，很容易造成门口堵塞。

　　（2）商品品类区划分不合理，把利润相对较高的休闲食品放在了顾客不容易看到的角落。

　　（3）卖场中气氛营造欠缺，很多卖场布局总是一成不变。这点沃尔玛做得比较好，情人节时会用浪漫的粉红色做装饰，过年时则用喜庆颜色烘托气氛。

　　（4）黄金购物点的作用没有很好地发挥出来。产品陈列在黄金线位置，销售比两边非黄金线位置可触区高 37% 以上。但是很多卖场并没有注意到这一点，黄金线位置上摆放的不是畅销商品，而是利润很低的商品，从而大大减少了顾客停留在超市的时间。所以说，具有创新的陈列，既会引起消费者的好奇心，又会增加销售量。

　　（5）员工没有货品摆设的知识。超市员工是最直接进行货品摆放的人员，也是最直接看到消费者购物情况的人。他们中的大部分人没有接受过系统的商品摆设训练，不利于及时反馈货架摆设的优劣情况，也不利于灵活调整货品摆设。

　　（6）对商品陈列的重视不够。如缺货现象较多，混入其他品牌的商品，陈列混乱，陈列的商品不利于拿放，不洁净等。

引例分析

　　超级市场在进行商品陈列设计时，必须从消费者的角度考虑问题，把容易选购作为根本出发点。这是因为在 500 ～ 1000 平方米的超级市场中，所经营的商品种类有 5000 ～ 10 000 种，这就要求必须使商品一目了然，排列简单明了，便于顾客了解，使顾客能够在短时间内找到自己所要购买的商品。而且还必须注意，根据顾客在一家商店里，也喜欢对商品进行反复比较的特点，超级市场在陈列商品时，必须做到同类商品不要横向排列，要纵向排列。这样做一是符合顾客的视线上下移动比横向移动方便的规律，二是符合顾客的购买心理行为。那么，回到宝贝详情页的布局和设计上，依然遵循这个道理。

✔ 任务 1 产品调研分析与文案策划

6.1.1 产品调研分析

设计宝贝详情页之前，先要对产品进行调研分析，彻底了解宝贝后，再根据其特点设计详情页文案，让买家通过宝贝详情页能够清楚了解产品的特性和卖点。如表 6-1 所示，产品调研分析可以从 8 个方面进行。

认识商品详情页

表 6-1 产品调研分析表

产品调研分析	内　　容	记　　录
产品的性能	1.产品的性能有哪些 2.产品最突出的性能是什么 3.产品最适合消费者需求的性能是什么 4.产品的哪些性能还不能满足消费者的需求 ……	
产品的质量	1.产品是否属于高质量产品 2.消费者对产品质量的满意程度如何 3.产品的质量能继续保持吗 4.产品的质量有无继续提高的可能性 ……	
产品的价格	1.产品价格在同类产品中处于什么档次 2.产品的价格与产品质量的配合程度如何 3.消费者对产品价格的认识如何 ……	
产品的卖点	1.产品独特的卖点是什么 2.他无我有的特点是什么 ……	
产品的材质	1.产品的主要原料是什么 2.产品在材质上有无特别之处 3.消费者对产品材质的认识如何 ……	
产品生产工艺	1.产品通过什么样的工艺生产 2.在生产工艺上有无特别之处 3.消费者是否喜欢通过这种工艺生产的产品 ……	
产品外观与包装	1.产品的外观与包装是否与产品的质量、价格和形象相称 2.产品在外观和包装上有没有缺欠 3.外观和包装在货架上的同类产品中是否醒目 4.外观和包装对消费者是否具有吸引力 5.消费者对产品外观和包装的评价怎样 ……	
与同类产品比较	1.在性能上有什么优势，有什么不足 2.在质量上有什么优势，有什么不足 3.在价格上有什么优势，有什么不足 4.在材质上有什么优势，有什么不足 5.在工艺上有什么优势，有什么不足 6.在消费者认知和购买上有什么优势，有什么不足 ……	

把市场调查和系统分析的结果记录下来，并罗列出消费者所在意的问题、同行的优缺点以及自身产品的定位，挖掘自身与众不同的卖点，再结合这些卖点设计策划详情页文案。

小贴士：

详情页买家喜好解密之买家浏览习惯的秘密

详情页买家喜好解密之图片秘诀与文字阅读需求

详情页常见问题

6.1.2　文案策划

1. 详情页文案写作的范畴

（1）详情页的商品

标题文案指的是在商品内页中的标题部分，如图 6-1 所示。

（2）详情页的商品基本属性部分

文案工作还包括填写商品最基本的属性信息部分，如图 6-2 所示。这部分内容要求做到信息填写完整、准确、真实。根据自己类目特点尽可能多地填写商品的参数，参数越多越容易被搜索引擎识别和抓取。

图 6-1　标题文案

图 6-2　属性文案

（3）页面详细文案设计

详情页的文案需要设计页面商品合理的逻辑关系环节，并且写出每个环节所需要的文案和对这个环节美工设计的要求。如图 6-3 所示为园林工具产品的文案策划。

宝贝详情页文案策划——可伸缩粗枝剪

宝贝详情页文案策划

园林工具：可伸缩粗枝剪

产品名称	模块说明	功能企划	参考图	要求（摄影、美工）	建议长度（产品链接）	文案	备注
主图	免费小视频+图片	主图5张		主图视频拍摄：9秒（突出伸缩功能和使用方法及剪粗枝利度）5张主图都加上产品LOGO:AIFA 1.第一张主图与参照图设计的一模一样 2.一只手拍图 3.显示刀片亮度或锋利细节图 4.突出可旋转粗与TPR手柄	800×800像素	LOGO:AIFA 园艺力粗枝剪，高品质锰钢，伸缩手柄，终身保修 1.强力粗枝剪，你的轻修剪 2.伸缩手柄，高枝轻松剪 3.旋转组，任意调节长度，TPR人工字手柄，防剪安全 4.SK5锋利刀片，粗枝不费力	高空树和刀头、根枝剪需外景拍摄，其他可棚内拍摄
收费视频	录像	功能演示			产品链接		产品有特殊需要时可以增加该视频模块进行企业介绍及产品展示
模块一	优惠券	收藏·关注		设计师在设计价格和点击标识时应醒目一些	1屏	购物先领券 收藏关注享受店铺福利	每一个"点击购买"设置链接
模块二	推荐热销单品	关联销售		文字排版突出重点	1屏	掌柜推荐（大热推荐）更多园艺工具！右上角：立即购买，爆款推荐，点击抢促销价	
模块三	焦点图（海报）	卖点设计			1屏	如果可以万众瞩目，何必偷藏微光；更专业生活，更久耐用，品味细节，经久耐用，锰钢材质，TPR包胶，科学设计	
模块四	产品详情	尺寸图数字描述		设计师注意：一个宝一屏，如一个详情页中多个宝贝，那么参数有几个宝贝就有几屏	1屏	产品参数展示：品牌：AIFA；产地：中国，名称：伸缩粗枝剪；重量：9型号；材质，进口SK5片片PTR手柄（具体尺寸记录产照图细则从采，刀剪间出来的数据：修剪直径：4cm；刀长：19cm；伸缩的（杆-手柄）：49cm；伸长后（杆-手柄）：81cm	
模块五	场景图	适用范围		外景拍摄全景+细节近景	2屏	一剪手，修剪不费，让园林木多用功能，满足您多需求美化园林，果园农林种植，树枝修剪	
模块六	产品平面图	优势展示			1屏	7大核心优势 铸造精品 1.铝合金 2.TPR手柄 3.转动锁 4.SK5钢材 5.静音设计 6.收缩钢材 7.省力刀角	
模块七	产品细节图	卖点展示		摄影师拍的刀头细节图时将刀头打开拍摄	3屏	NO.1 日本SK5，进口钢材，优质材料，全面包胶防滑手柄，安全防滑，不误手 NO.2 TPR手柄，优质材料，防滑设计，防锈软胶缓冲垫 NO.3 静音设计，防磨损，不易生锈，抗腐蚀，有光泽 NO.4 伸缩杆，质轻，不易生锈，抗腐蚀，采用TPR优质材料，止滑性好 NO.5 舒适防滑手柄，采用TPR优质材料，止滑性好	
模块八	口碑营销	好评截图			1屏	我们的质质	
模块九	资质证明	检测报告		原设计不变	1屏		
模块十	出口单证	国内独享销售			1屏	商品出口报单（加入AIFA商标）AIFA所有在售产品通过中国海关检验检测出口海外 国内独家天猫专营店销售	
模块十一	售后说明	购物须知		原设计不变	1屏	我们的售后	
模块十二	快递说明	不包邮地区提示		设计师配图时应尽量用国内快速产品的形象	1屏	本店默认汇通和天天快递 如有发顺丰请付款后联系客服备注！偏远地区（包括青海、西藏、内蒙古、新疆、宁夏、澳门、香港、台湾及海外地区）不包邮	

图6-3 园林工具产品文案策划

2. 详情页文案编写中的常见问题

编写详情页文案时，最常见的问题是标题没有考虑到用户的体验感受，标题一般包括 30 个汉字，60 个字符。从搜索关键词的角度出发，一般的店铺都想把这 30 个汉字用完，但是一定要从用户体验角度去写。例如，很多店铺的商品标题没有逻辑性，前后语句顺序混乱，这样给用户的阅读体验就比较差。如图 6-4 所示的标题就是一个反面例子，这样的标题会造成该店铺在 30 天内销售出的商品件数为 0。

（1）标题的第一种问题就是有一些商品在标题一开始就写包邮、秒杀、预售等信息，如图 6-5 所示，这从用户体验和营销学角度来说并不合适，因为用户还不知道你的商品是什么，有什么用，是否适合自己，所以建议将"秒杀"、"预售"、"包邮"等词汇放在标题的后半部分。如果在商品邮费里面设置为包邮，即使不在标题中输入"包邮"两字，也是会被搜索引擎展示出来的，所以在标题中设置"包邮"这个关键词是无效的、浪费的。

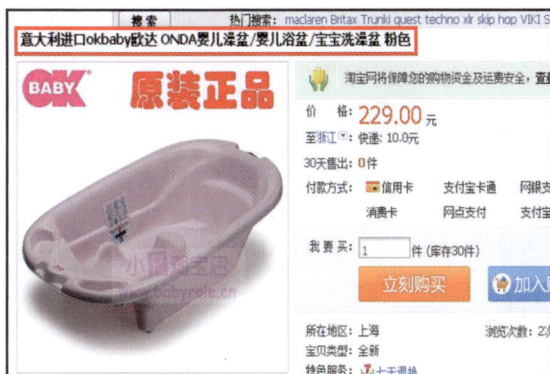

图 6-4　无逻辑性标题（"/"符号标题）

图 6-5　含有"预售"字样的标题

（2）标题的第二种问题是一些商品标题把产品的内部编号等店铺掌柜自己独有的符号放在上面，这些符号对消费者根本没有用处，反而浪费了宝贵的标题文字。还有一些标题在设置时没有从淘宝搜索关键词角度来考虑，没有使用恰当的标题关键字进行合理的排序，卖家通常容易犯的错误有堆砌关键词，使用和商品无关的关键词、热词等问题，如图 6-4 所示。

（3）标题的第三种问题是违反淘宝网的基本规则和最新广告法，如标题中出现了敏感词汇，夸大商品的属性，涉嫌侵权，前后不一致等。如有的商品标题中写了"包邮"，则商品的详情页运费设置一定得是卖家承担，否则就会受到淘宝的处罚扣分。还有，最新的《广告法》中禁止"最"、"第一"等词语在文案中出现。

新广告法禁用
词汇

3. 内页文案编写

内页文案编写应遵循商品营销的 5 大环节。

（1）引发兴趣环节。引发兴趣是吸引消费者关注的第一个环节，例如消费者在夏天逛淘宝网的时候，通过关键词搜索，看到了一双非常特别的鞋，如会喷气的鞋在炎热的夏天让消费者感觉凉爽，这样独特的图片或文字就会引发消费者的兴趣。因而要想引发消费者的兴趣可以从品牌介绍、焦点图、目标客户的场景设计、产品的总体图、拥有后的感觉、给购买者的购买理由 6 个方面考虑。以图 6-6 所示的园林工具焦点图为例，焦点图最大的作用就是引发消费者的兴趣，大家都知道园林工具，所以图中用艺术文字构成一个焦点图以引发消费者的注意。

（2）激发潜在需求环节。在当今这个商品过剩的时代，对于很多商品，消费者可以买也可以不买，这时就需要激发消费者潜在的需求。例如，父亲节的时候，如果消费者看到一款商品能激发他对父亲的孝心，可能他就会对这个商品感兴趣，从而进一步去了解这款商品，最后完成购买。如图 6-7 所示的店铺，在商品的标题中加入了"给爸妈不一样的礼物"这个容易引发客户给父亲购买礼物的词汇。

图 6-6　焦点图

图 6-7　激发顾客潜在需求

（3）营销引导环节（从信任到信赖）。消费者对一个商品产生一定的兴趣后，再逐渐地信任，从信任到信赖的过程就是营销。此时，商品的细节、用途，产品的参数展示，特别是第三方评价，即客户的评价记录，会严重影响到客户购买的信心。如图 6-8 所示的店铺展示了客户的评价。

（4）深度营销环节（从信赖到想拥有）。进一步激发顾客购买欲望环节，让消费者想强烈地"占有"这件商品。当消费者到了想购买下单的环节，还要进一步激发其购买欲望，内页的文案策划要让客户看到，购买这个商品会有什么好处，如果买了这个产品送给父母，父母会高兴吗？如果买了这个商品送给朋友、上司会产生怎样的效果？这个时间购买，会有什么促销，有什么优惠等。如图6-9所示就是一个能够进一步激发客户潜在需求的精彩文案。

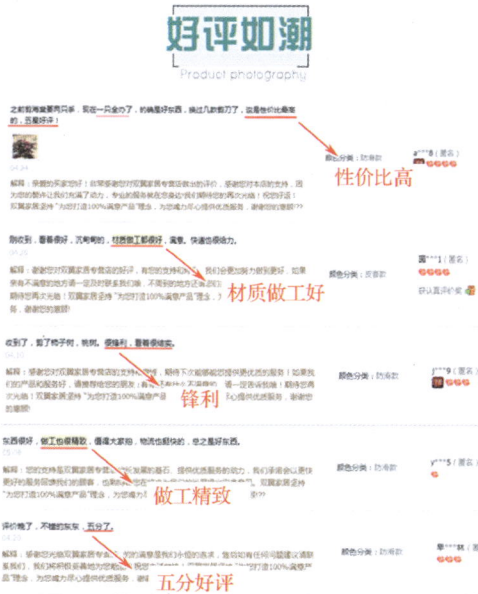

图6-8 好评图

图6-9 精彩文案

（5）替客户做决定环节。很多文案人员认为，客户购买什么商品都是客户自己来决定的，比如有的客人不聊旺旺也能下单。这其实是一个误区，例如，生活中到饭店吃饭，一个高明的点菜员就会无形中帮你做很多决定，帮你推荐店内的招牌菜，根据你的表情，根据你的身份甚至心情，替你把菜都点好了，这俗称"为客户做决定"，潜移默化的引导是一个非常重要的环节。在一个商品的内页文案编写中，要检查哪些文字和设计场景是在替客户做决定。

总之，一个内页的文案编写一定要由这五大环节构成，另外，文案编写一定要有营销理念，以及传递情感理念。营销的理念是什么？成交的目的是因为爱，而不只是简单为了把货卖出去。所以，当一个优秀的文案人员写完一个内页的时候，首先看他能不能感动自己，自己有没有冲动要购买这款商品，如果能够感动自己才有可能感动客户。

6.1.3 解析详情页设计思路

有一句话是这样说的："有道无术，术尚可求，有术无道，止于术"。意思是说有方法理论但是没有技术，技术尚且可以学到和培养，如果只有技术但缺少理论方法的支持，则只能停留于技术层次，个人发展很容易遇到瓶颈，无法进一步发展，导致止步不前。网上有些人把美工分为技术型美工和运营型美工，这个也是美工自我发展的一个过程。从营销学的角度分析，详情页的设计思路基本上遵循以下五部曲。

（1）引发兴趣。

（2）激发潜在需求。

（3）从信任到信赖。

（4）从信赖到想拥有。

（5）替客户做决定。

下面通过五部曲18个模块帮助大家更好地理解设计详情页前的思路，通过后面的框架，了解设计过程中的具体方法。

> 💡 小贴士：详情页的设计思路
> 请扫码学习详情页设计思路遵循的五部曲内容。
>
> | 解析详情页设计思路 A | 解析详情页设计思路 B | 解析详情页设计思路 C | 解析详情页设计思路 D（总结篇） | 详情页遵循的二六法则 |
> |---|---|---|---|---|

✔ 任务 2　PC 端详情页设计

6.2.1　页面内容布局

"产品价值 + 消费信任 = 下单"，详情页的前半部分诉说产品价值，后半部分培养顾客的消费信任感。消费信任感不光通过各种证书、品牌认证的图片来树立，使用正确的颜色、字体、排版结构对赢得顾客消费信任感也会起到重要的作用。详情页的每一块组成都有它的价值，都要经过仔细的推敲和设计。

详情页整体框架布局如图 6-10 所示。

6.2.2　PC 端详情页设计

在各大电商平台的宝贝详情页中，都有各自不同的详情页图片尺寸和标准，主流平台详情页图片建议尺寸如表 6-2 所示。

宝贝详情描述页的构成框架

创意海报情景大图	A根据网上流传前三屏3秒注意力原则，开头的大图是视觉焦点，背景应该采用能够展示品牌调性以及产品特色的意境图，可以第一时间吸引注意力。
宝贝卖点 / 特性	B根据FAB法则 F（特性）→A（作用）→B（好处） Feature（特性），产品品质，即指服装布料、设计的特点，即一种产品能看得到、摸得着的东西，产品与众不同的地方。 Advantage（作用）：从特性引发的用途，即指服装的独特之处，就是这种属性将会给客户带来的作用或优势。
宝贝卖点 / 作用 / 功能	Benefit（好处），是指作用或者优势会给客户带来的利益，对顾客的好处（因客而异）。 例如一台空气净化器。特点：静音，采用获得某国际认证的材料制造。作用，比同类产品除尘、去甲醛效果更好。好处，给消费者带来安全安静的呼吸环境，减少呼吸疾病的困扰。 卖点中出现的数字部分，比如销量突破5万，数字要放大、加粗，制造劲爆的效果和氛围。
宝贝给消费者带来的好处	
宝贝规格参数 / 信息	C宝贝的可视化尺寸设计，可以采用实物与宝贝对比，让顾客切身体验到宝贝的实际尺寸，以免收到货的时候低于心理预期。
同行宝贝优劣对比	D宝贝优劣PK，通过对比强化宝贝卖点，不断地向消费者传递信息。
模特 / 宝贝 / 全方位展示	E宝贝展示以主推颜色为主，服装类的宝贝要提供模特的三围及身高信息。最好后面可以放置一些买家真人秀的模块，目的就是拉近与消费者的距离，让消费了解衣服是否适合自己。
宝贝细节图片展示	F细节图片要清晰富有质感，并且附带相关的文案介绍。
产品包装展示	G通过店铺的资历证书以及生产车间方面的展示，烘托出品牌和实力，但是一个店铺的品牌不是通过几张图片以及品牌故事就可以做出来的，而是在整个买卖过程中通过各种细节展现给消费者。
店铺 / 产品资历证书	
品牌店面 / 生产车间展示	
售后保障问题 / 物流	H关于售后就是解决顾客已知和未知的各种问题，例如是否支持7天无理由退换货，发什么快递，快递大概几天到达，产品有质量问题时该怎么解决。这一块做好的话可以减轻不少客服的工作压力，增加静默转换率。把复杂留给自己，把简单留给顾客。

图 6-10　详情页框架布局

表 6-2　主流平台详情页图片尺寸建议

平台	详情页建议图片宽度	详情页单张图片高度
淘宝	≤750px（像素）	≤1500px（像素）
天猫商城	≤790px（像素）	≤1500px（像素）
京东商城	≤790px（像素）	自定义
AliExpress（速卖通）	≤790px（像素）	自定义

1. 模板设计

对于店铺中同类型的商品，可以先设计一个描述模板，然后再做其他宝贝详情页面，直接套用该模板即可。下面介绍如何设计描述模板，具体操作步骤如下。

步骤 1：打开 Photoshop 软件，选择"文件→新建"选项，新建一个 750 像素 × 600 像素的空白文档，将文件保存为"四件套详情 .psd"。

步骤 2：选择工具箱中的"横排文字工具"，输入相应的文本"商品在展示"及"Commodity Display"，设置字体为"微软雅黑"，颜色为"# 3ca5b8"，如图 6-11 左侧部分所示。

步骤 3：选择工具箱中的"矩形工具"，绘制一个颜色为"# 3ca5b8"的矩形，如图 6-11 右侧部分所示。

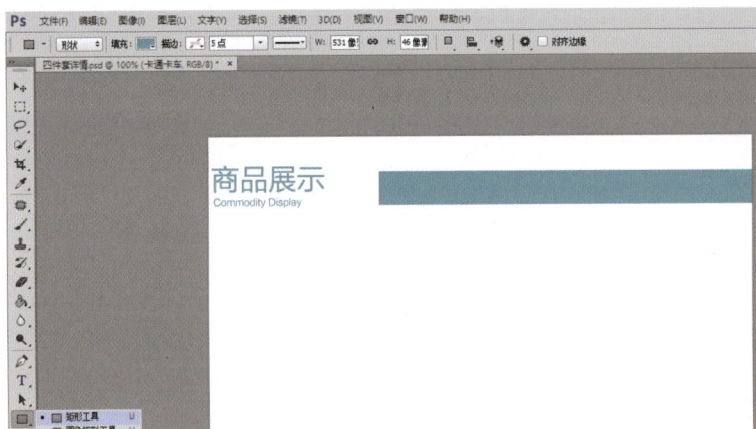

图 6-11　绘制矩形

步骤 4：选择"文件→打开"选项，选择素材"树叶 .png"文件，将其拖曳到"四件套详情"文档中。

步骤 5：选择工具箱中的"横排文字工具"，输入"SHOWS"，设置字体为"微软雅黑"，颜色为"白色"，如图 6-12 所示。

图 6-12　拖曳图片并输入文字

步骤 6：按住 Shift 键，选择这 5 个图层面板上的"创建新组"按钮，并双击该组名称，为组重新命名，如图 6-13 所示。

建议：关于创建新组，如果文档在制作过程中图层较多，可以按照分类来创建新组，建组不但方便了后期修改，而且能令文档看起来更加整洁。

步骤 7：重复步骤 2 至步骤 6，创建另外两个新组，即可完成描述模板的设计，如图 6-14 所示。快捷操作方式为：复制"商品展示"组（快捷键为"Ctrl+J"），再把另外两个副本往下拉，最后修改文字图层。

图 6-13　创建新组

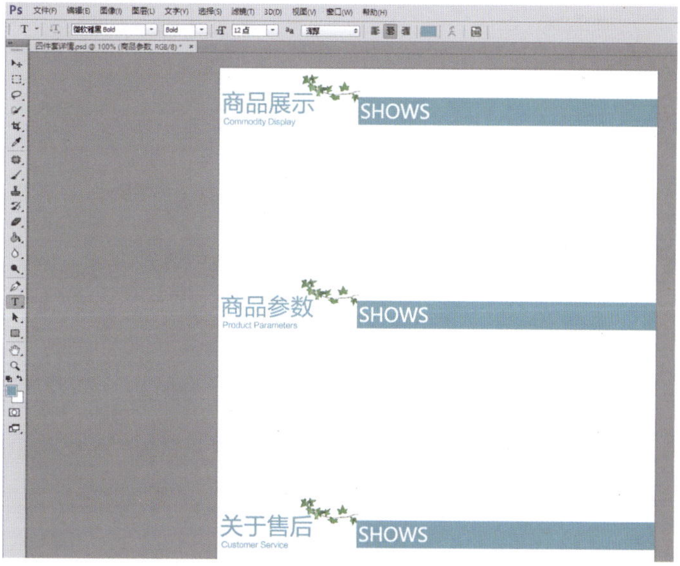

图 6-14　创建其他新组

描述模板设计好后，只需要将相应的图片排版好就可大功告成了。

2. 详情页局部模块设计

园艺四件套宝贝详情制作非常简单，只需要展示其商品全貌、特点、尺寸大小等就可以了，具体操作步骤如下。

步骤 1：先将商品参数和相关售后两组内容移至文档底部，选择"文件→打开"菜单项。打开"四件套 .jpg"图片文件，将其拖曳到"商品展示"下方，并对其进行适当铺放，如图 6-15 所示。

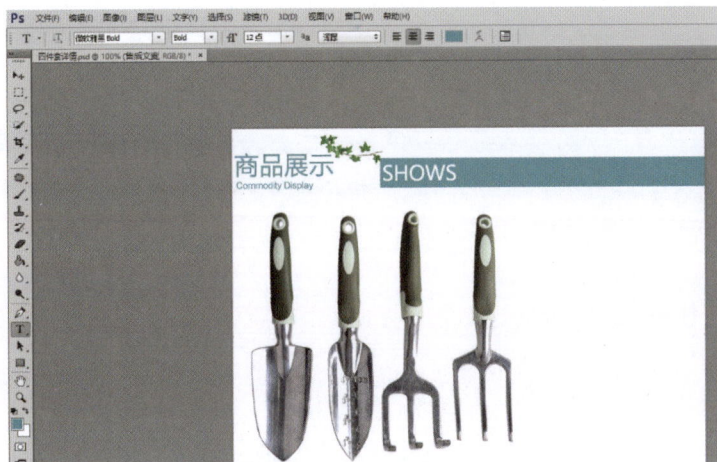

图 6-15　拖曳图片

在制作过程中如果发现文档的高度不够，可以使用"裁剪工具"或"图像→画布大小"命令来进行调整，如图 6-16 所示。

图 6-16　调整文档高度

步骤 2：选择工具箱中的"横排文字工具"，输入相应的文本，并设置字体为"微软雅黑"。选择文字图层，单击鼠标右键，选择图层样式，再选择投影，将投影比例调整到 14%，如图 6-17、图 6-18 所示。

步骤 3：选择"文件→打开"选项，打开"四件套小铲.jpg"图像文件，将其拖曳到"商品参数"下方，并对其进行适当缩放，如图 6-19 所示。

步骤 4：使用工具箱中的"直线工具"，在商品周围绘制尺寸测量线条，其颜色为"#0a9c9c"，选择工具箱中的"文字→横排文字工具"，输入相应的商品尺寸数值，其字体为"微软雅黑"，如图 6-20 所示。

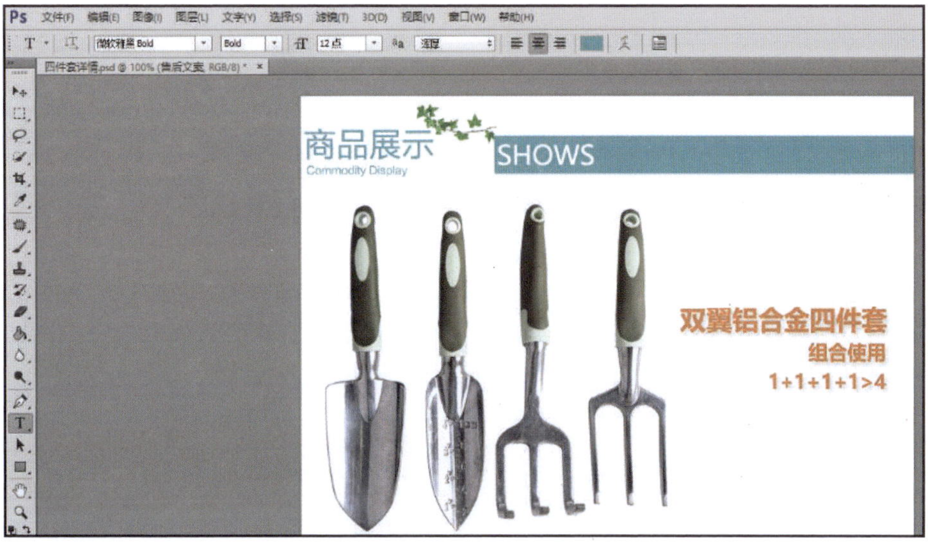

图 6-17　输入文本

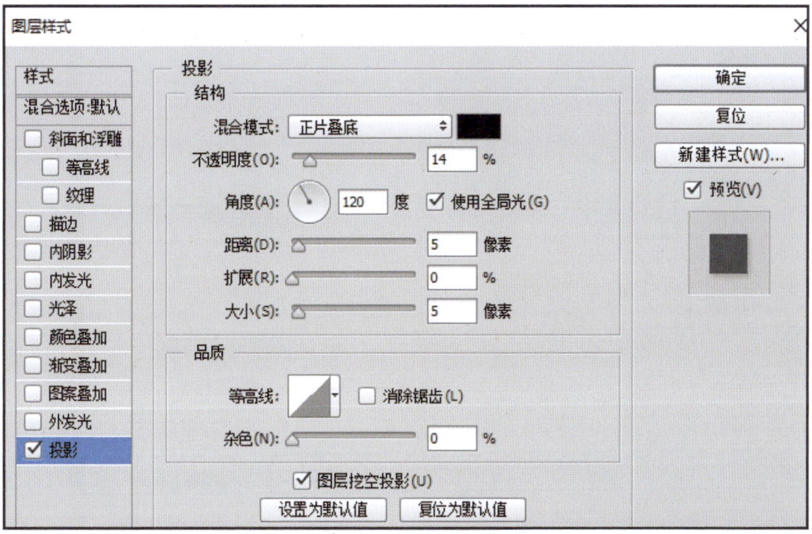

图 6-18　设置投影

图 6-19　在"商品参数"下方放入商品

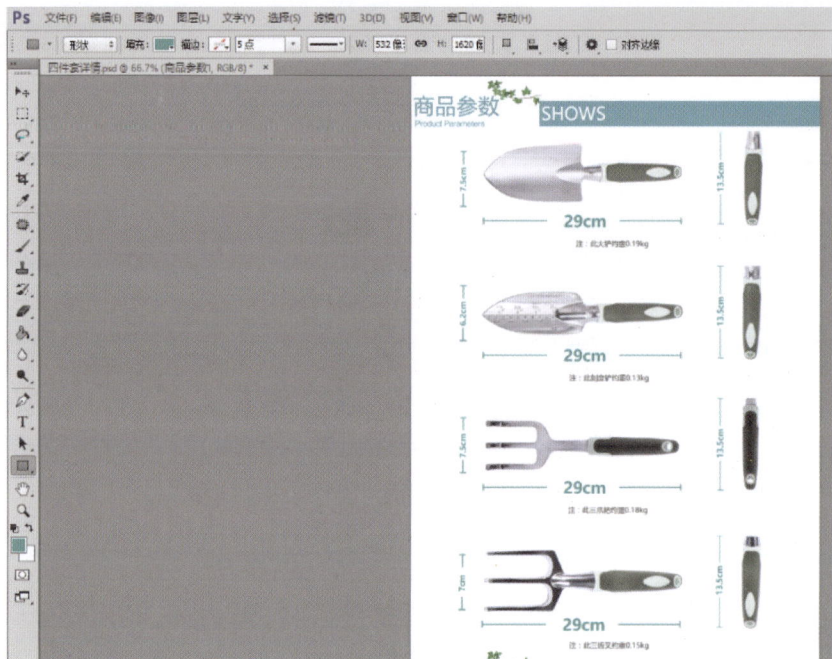

图 6-20　绘制图形并输入文本

步骤 5：重复步骤 3 和步骤 4，插入"小铲 .jpg"、"三尺耙 .jpg"、"叉子 .jpg"图片，并输入说明文字，其字体均设为"微软雅黑"，如图 6-21 所示。

图 6-21　拖曳图片并输入文本

步骤 6：选择"文件→打开"选项，打开"货车 .jpg"图片文件，将其拖曳到"关于售后"下方，并使用"自由变换"（快捷键为"Ctrl+T"）功能对其进行适当的缩放，如图 6-22 所示。

步骤 7：选择工具箱中的"横排文字工具"，输入相应的售后说明文本，其字体为"微软雅黑"，大小为 18 点，如图 6-23 上半部分所示。

步骤 8：继续使用工具箱中的"横排文字工具"，输入"祝您购物愉快"，设置其字体为"微软雅黑"，大小为 18 点，颜色为"#0087bf"，添加下画线，然后选择"编辑"、"变换"、"旋转"选项，对其进

详情页模块设计

行适当旋转。至此，完成四件套的宝贝详情制作，如图 6-23 所示。

图 6-22　拖曳并调整图片

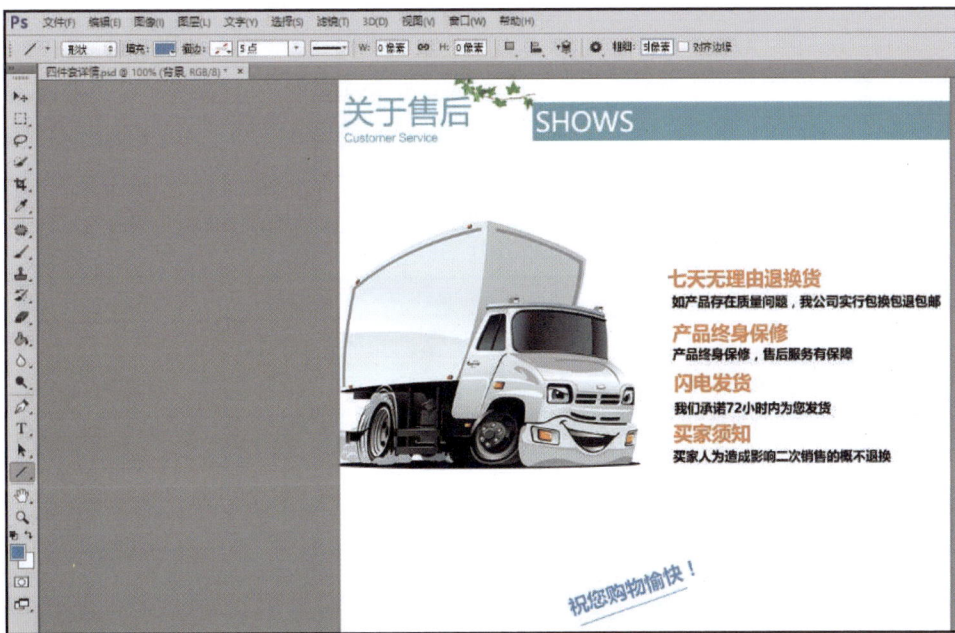

图 6-23　输入文本并设置文本

3. 详情页切片

在宝贝详情制作完成后，并不能直接将其保存为 JPG 图片格式上传到店铺中使用，因为其图片的存储容量过大，买家在浏览店铺宝贝页面时，宝贝图片并不能快速地下载展示出来，将导致买家不愿等待，直接关闭页面而停止浏览。此时，可以使用 Photoshop 软件中的"切片"工具将图片切割成适当的尺寸，将其存储为适合网页应用的元素。下面介绍如何将图片切割成适当的尺寸，具体操作步骤如下。

步骤 1：打开 Photoshop 软件，选择工具箱中的"切片工具"，按住鼠标左键，根据需要绘制大小合适的切片，如图 6-24 所示。

图 6-24　绘制切片

步骤 2：如果发现绘制的切片大小不合适，可以选择工具箱中的"切片选择工具"，通过拖曳切片四周的线条来调整大小，如图 6-25 所示。

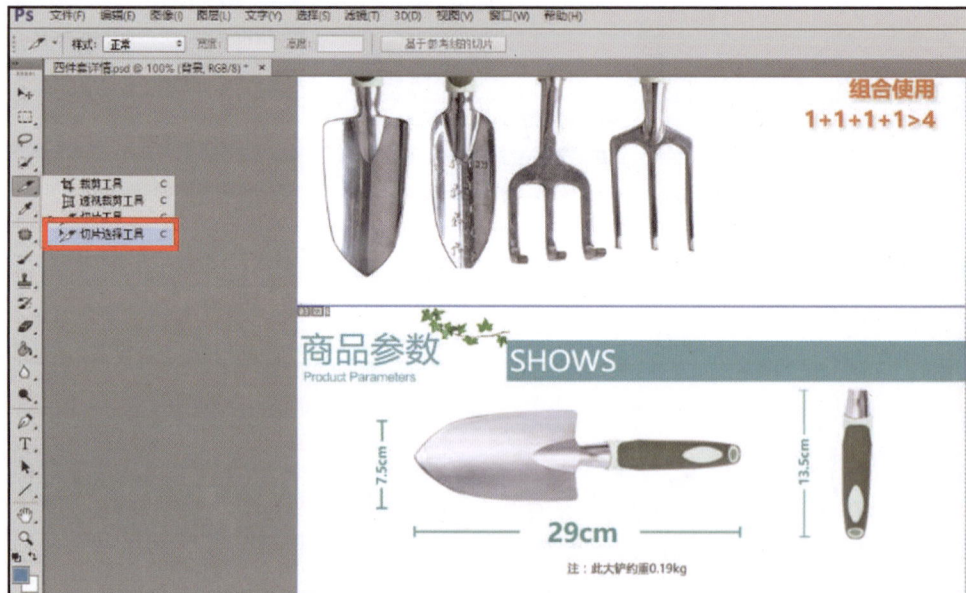

图 6-25　调整切片大小

小贴士：关于切片大小

在绘制切片时，一定要保证切片的宽度与图片宽度一致，且切片与切片之间的衔接应在同一条线条上，否则存储图片时，图片将会出现切割不整齐或图片区域重复的现象。

快捷方式：右键选择"划分切片→水平划分"，然后输入需要划分的切片个数。

步骤 3：重复步骤 1，绘制完其他的切片，如图 6-26 所示。

步骤 4：再选择菜单"文件→存储为 Web 所用格式"，设置图片格式为"JPEG"，"品质"为 80，单击"存储"按钮，如图 6-27 所示。

步骤 5：在弹出的"将优化结果存储为"对话框中，设置格式为"HTML 和图像"选项，如图 6-28 所示。

步骤 6：单击"保存"按钮，即可将文件存储为 HTML 格式。

详情页切片

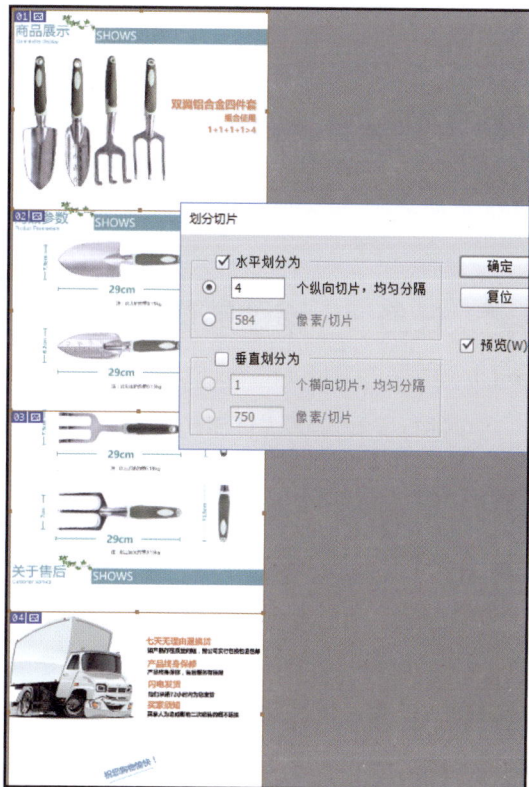

图 6-26　绘制其他切片

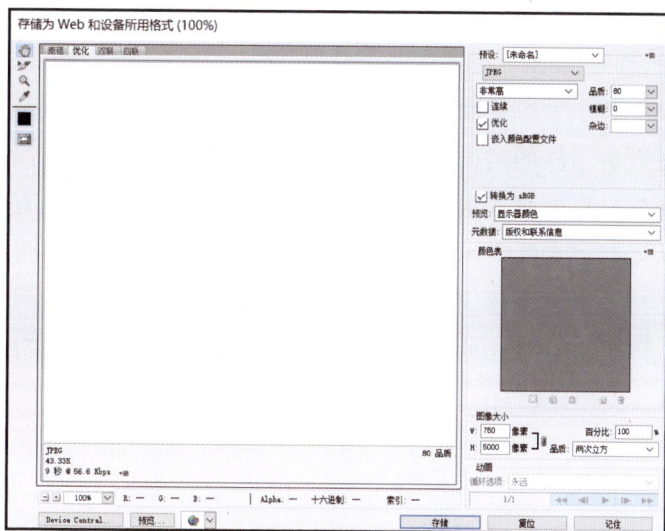

图 6-27　"存储为 Web 和所用设备格式"对话框

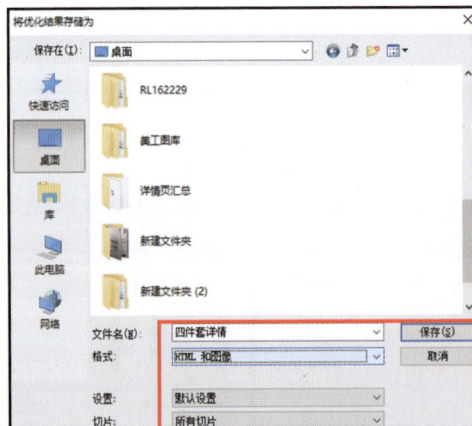

图 6-28　"将优化结果存储为"对话框

✔ 任务 3　移动端详情页设计

6.3.1　页面内容布局

在进行无线端详情页面的设计时，文字和图片两大构成要素是必须要考虑的。对于文字，由于手机屏幕大小的限制不宜选用大段文字，只需在要出现关于宝贝大小、尺寸介绍等内容时使用。同时为了避免字体段落不整齐而影响视觉效果，可以采用表格形式。

用无线端浏览的买家通常喜爱图片多于文字，因此可以选择多用图片的设计原则，最大限度地抓住买家眼球。另一点需要卖家注意的是，由于买家在无线端浏览的速度相对较快，因此选择的图片颜色应该突出，能够营造强烈的视觉冲击效果。由于无线端屏幕的局限性，宝贝图片应该选择有代表性的，特别是宝贝的主图选择一般采用的是五图制。

对于无线端主图，第一张为宝贝正面图、第二张为宝贝侧面/背面图、第三张为宝贝细节图、第四张为宝贝包装图、第五张为宝贝促销图。

页面内容布局是指整个手机页面中各种元素的比重分配与摆放位置。按照不同店铺的风格，不同的主题有不同的编排方式，只要能呈现主题风格并方便浏览者阅读，就是一个好的布局方式。目前版本主要有一屏内先显示"焦点图"以具有冲击力的视觉效果画面来吸引买家；也有先显示"排行榜"再依次排入其他内容；更有将制作的广告画面直接用于首屏，通过视觉快速吸引买家目光，以此提升店铺的流量。所以说不同版式的排序在整体布局中都会因主图的不同而各自出现相应变化。如图 6-29 所示的手机端详情页是以焦点图开始的。

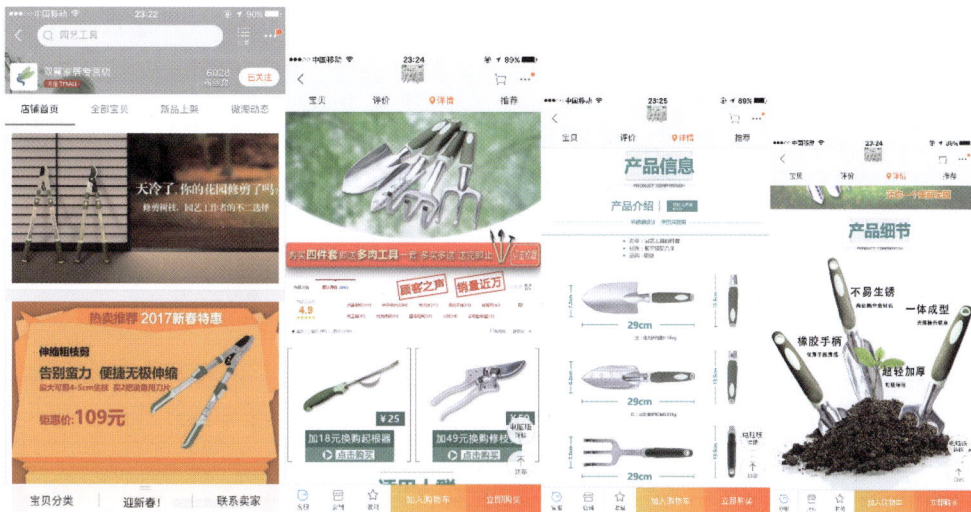

图 6-29　手机店铺版面布局

无线端宝贝的简易编辑比计算机端更为简洁。当卖家在对无线端进行编辑的时候，可只保留与宝贝情况相关的图文，去掉其他描述，让买家在手机的显示屏幕中以有效的时间和空间查看到更多与宝贝相关的情况。当买家在确定购买或者想要更进一步了解时，可通过展示全部详情来查看计算机端的详情页描述。这样的方式往往是更多买家所能接受和希望的。

运用无线端了解宝贝详情的买家，一般采用手指从下向上滑动，针对买家的这种习惯动作，对详情页的布局宜采用相对应的方式，按照浏览者的使用习惯合理布置排列文字，同时可以选择增加模块等方式，使手机淘宝页面更具趣味性和新奇性，以计算机端设计为契机，将无线端设计得更富创意。

6.3.2　移动端详情页切片制作

移动端详情页有尺寸限制，如果直接上传尺寸不合适的图片就会造成上传失败，如图 6-30 所示。

图 6-30　图片上传失败

移动端详情页宽度为 480 ～ 620 像素，高度小于等于 960 像素，格式为 JPG/GIF/PNG。如果打开 PC 端的详情页，点击图像并查看图像大小时，可以发现它的宽度是 750 像素，如图 6-31 所示，所以不能满足移动端的要求。

步骤 1：将图像宽度设为 480 像素（适应平板尺寸建议 620 像素），如图 6-32 所示，勾选"约束比例"复选框，PS 会自动调节图像高度，单击"确定"按钮。

· 161 ·

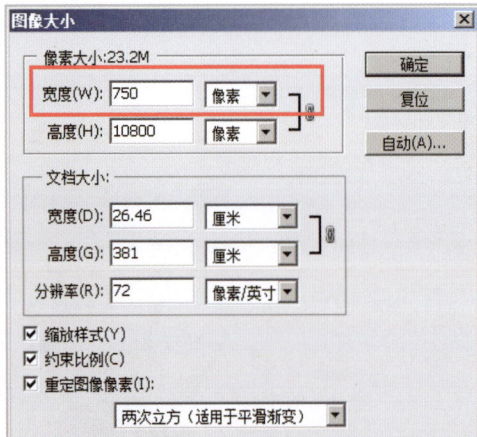

图 6-31　查看出错因素

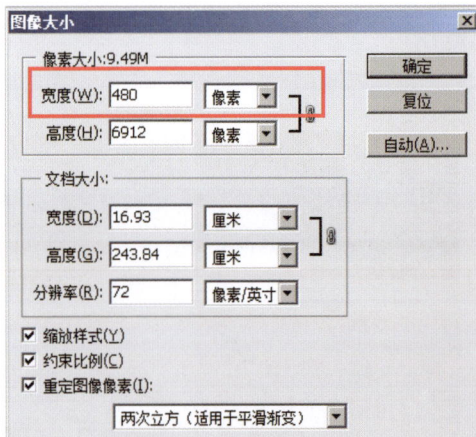

图 6-32　修改图像大小

步骤 2：使用切片工具前，要先拉参考线。单击"视图"菜单，选择"标尺"就会出现横竖标尺，如图 6-33 所示。

步骤 3：根据详情页的内容和模块，自己拉好参考线，如图 6-34 所示。

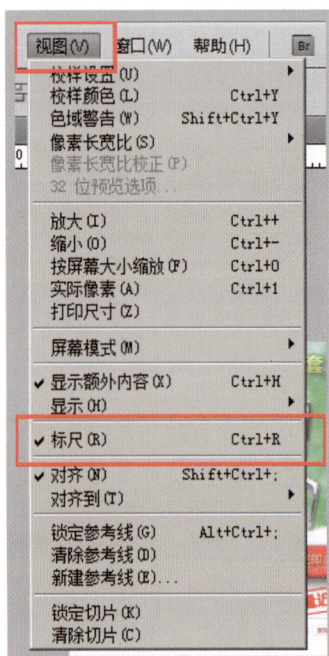

图 6-33　标尺

图 6-34　切片

步骤 4：再单击"切片工具→基于参考线的切片"，如图 6-35 所示。

步骤 5：逐步完成详情页切片，每一个切片高度不超过 960 像素，如图 6-36 所示。最后单击"文件→存储为 Web 和设备所用格式"，如图 6-37 所示。

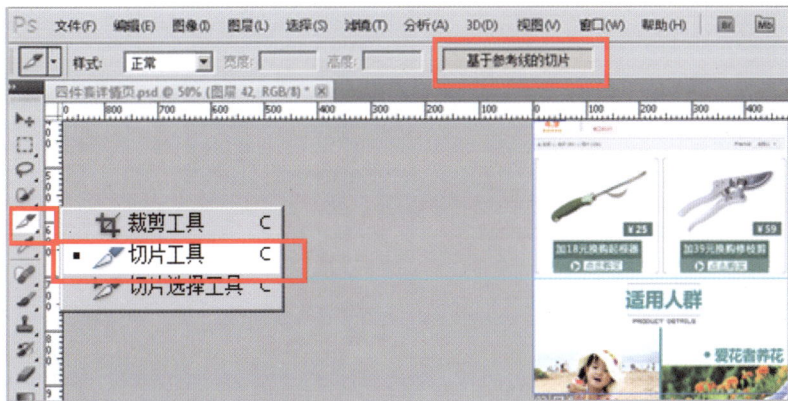

图 6-35　基于参考线的切片

图 6-36　逐步切片

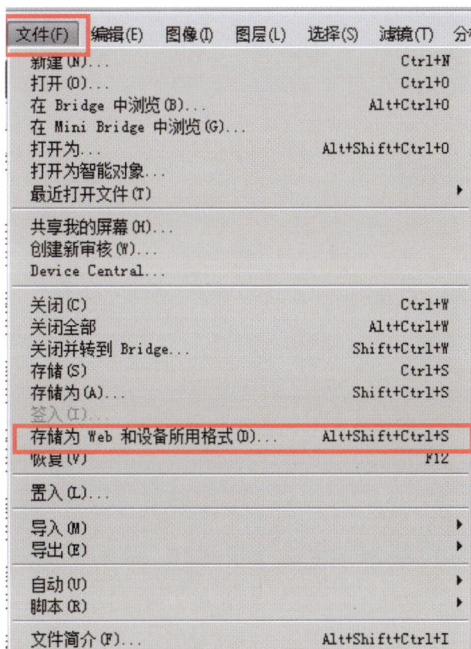

图 6-37　存储为 Web 和设备所用格式

步骤 6：设置图片格式为 JPG 格式，存储结果为仅图像，就会出现切片后的图片，如图 6-38 和图 6-39 所示。

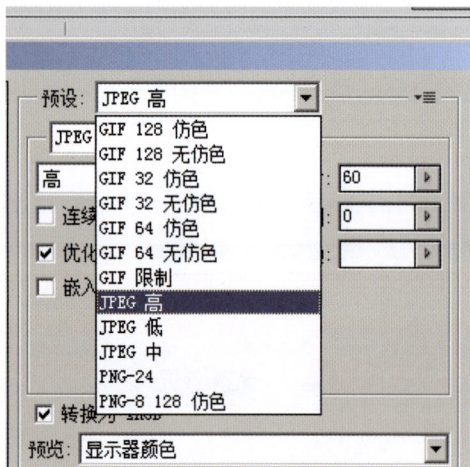

图 6-38　存储为 JPEG 格式

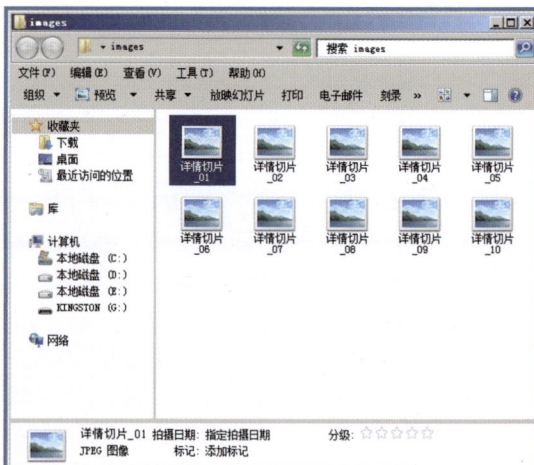

图 6-39　切片后的图片组

移动端详情页产品信息不宜过多，要让顾客用最短时间了解产品，以提高转化率。下面将双翼家具四件套详情页分为 5 个模块，即产品海报、产品卖点、产品信息、产品细节、模特（商品）展示或物流信息。

步骤 1：将移动端图片切片之后，进入"卖家中心→出售中的宝贝→编辑宝贝"，如图 6-40 所示。

图 6-40　进入"编辑宝贝"页面

步骤 2：选择手机端宝贝描述。单击下方的"图片"按钮，开始上传图片，如图 6-41 所示。

步骤 3：单击"添加图片"按钮，选择刚刚保存好的切片图片，添加完成后单击"插入"按钮，如图 6-42 所示。

图 6-41　上传图片

图 6-42　将图片插入移动端详情页

步骤 4：完成图片上传后，再单击"确定"按钮，至此完成了宝贝的发布。

6.3.3　神笔高效率制作无线端详情页

进入 wuxian.taobao.com 页面，单击进入"详情装修"，如图 6-43 所示。

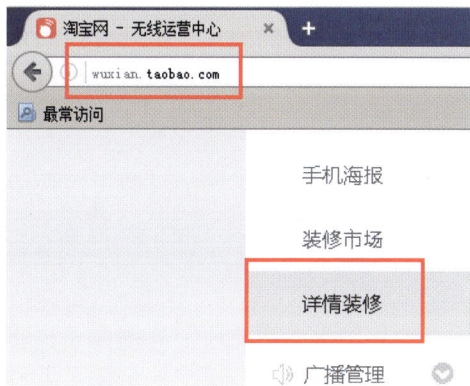

1. 模板的选择

步骤 1：根据自己店铺的风格，选择不同类型的模板。模板分为收费和免费两种，可根据自己的情况确定，如图 6-44 所示。

步骤 2：选择对应模板（免费或付费都可以），单击即可使用，选择相对应的产品，编辑手机详情，进入神笔编辑页面，如

图 6-43　进入无线端"详情装修"页面

图 6–45 所示。

图 6-44　模板资源库

图 6-45　神笔编辑页面

2. 图片替换

单击模板中的图片，出现替换图片字样，选择替换的图片，单击"确定"按钮，图片就被替换掉了，如图 6–46 所示（注：每个模块的图片都可以进行更换）。

3. 模块删除

一些不需要或多余的模块可以选中并进行删除。文字模块可以编辑或者添加，根据自己实际需求确定，如图 6–47 所示。

4. 模块添加

如果还需添加模块，可选择"我的模块→新建模块"，建好模块后再将其添加到详情页中，如图 6–48 所示。各个模块之间的顺序可以通过上移或者下移小箭头进行调整，如图 6–49 所示。

图6-46　图片替换

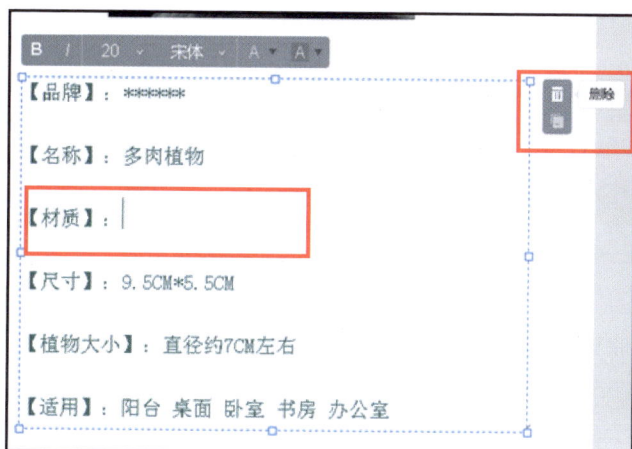

图6-47　文字编辑替换

图6-48　我的模块

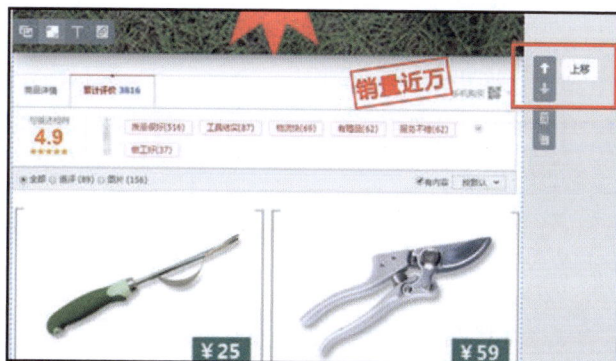

图6-49　上下移动模块

神笔快速制作无
线端详情页

调整图片适配手机宝贝详情

2014 年 4 月之前，由于手机端详情页对图片的尺寸要求与 PC 端不同，在很长时间内，卖家发布手机端详情页都需要另做图片，从而大大增加了工作量。

2014 年 4 月之后，淘宝打通了图片空间与手机详情页发布端图片，所有发布在图片空间的图片，都可以直接在手机端使用，并且自动将图片压缩到符合手机端要求的尺寸。如果想将图片适用于手机，可以单击右上角或者右键选择图片"适配手机"按钮，如图 6-50 所示。这样调整过的图片就会自动适配到手机端和平板端。

图 6-50　图片空间图片转手机端尺寸

手机宝贝详情的图片和 PC 端宝贝详情图片尺寸并不相同，因此，需要调整宝贝详情的图片大小，以适配手机端宝贝详情。虽然在 Photoshop 软件中可以更改图片尺寸，但图片空间提供了一种更快捷的"适配手机"功能，能一键将图片调整为适合手机宝贝详情的尺寸，大大简化了后期图片尺寸调整工作。

适配手机宝贝详情的具体操作步骤如下：

在图片空间中，选择需要调整的图片，单击"适配手机"文字超链接，在弹出的"适配手机"对话框中单击"确定"按钮，如图 6-51 所示。

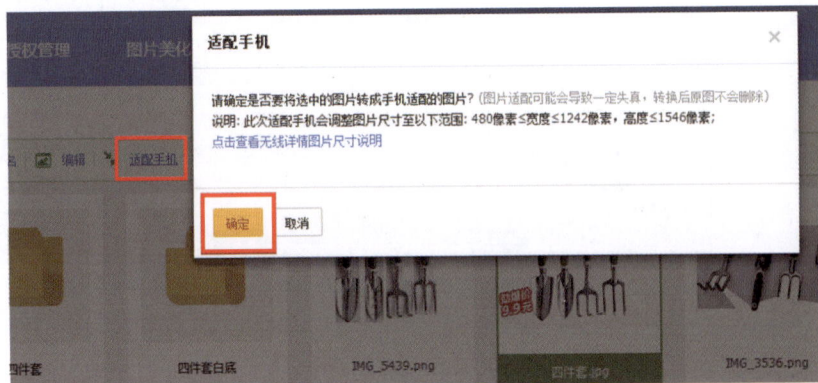

图 6-51　适配手机

此时，系统将自动复制一张与原图相同的图片，且该图片尺寸被调整为适合手机宝贝详情的大小，图片左上角会出现一个"手机"样式的图案，如图 6-52 所示。

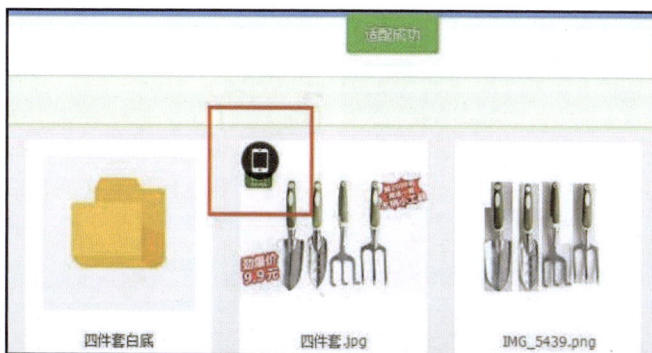

图 6-52　适配成功图标

淘宝的无线端越来越受到买家们的关注。这不仅因为无线端能够随时随地想看就看，还因为无线端的系统或者店铺和宝贝的设计更加简洁，能够让使用者一目了然。在这样的大趋势下，更多的卖家开始注重无线端的详情页设计。在淘宝宝贝发布页面中关于宝贝的描述是特意为手机端设计的板块，通过更具针对性的编辑，使在无线端查看宝贝详情的买家节省了 PC 端缓冲图片和文字所需的时间，更加直截了当地查看宝贝详情。

同步实训

实训 1　详情页 GIF 动态图片制作

实训目的

掌握 PS CS6 时间轴的用法，并通过此功能制作详情页 GIF 动态图片。

详情页 GIF 图制作

实训内容与步骤

GIF 动态图片相对于 JPG 图片具有动态可视化的效果，可以表达多张图片类似视频的动态效果，更容易吸引消费者。

在制作 GIF 动态图片前需要准备原图。原图准备的越多越好，原图越多，制作出来的 GIF 动态图片越精美，当然也就越能得到用户的喜爱。下面用 3 个图片来制作一个简易的 GIF 动画。

步骤 1：用 Photoshop CS6 软件打开准备好的静态图片。打开的时候需要将连续动作的图片排好顺序，这一点对于动画的实现效果非常重要。如图 6-53 所示右侧图层框中排好一系列动作的照片。

步骤 2：在顶部的菜单栏中找到"窗口→时间轴"(CS5 版本为"动画")，调出"时间轴"选项卡,如图 6-54 所示。将右侧图层框中的图片文件依次拉入"时间轴"操作框中,如图 6-55 所示。

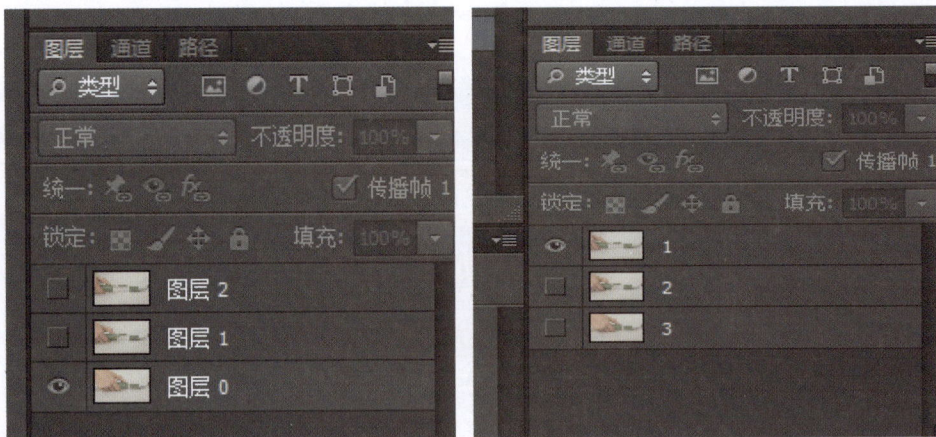

图 6-53　排序图片

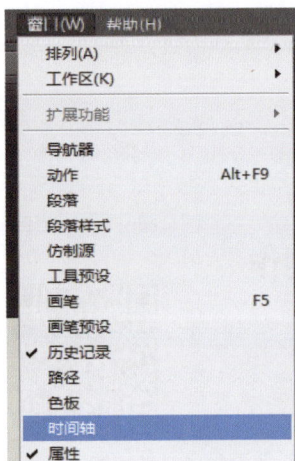

图 6-54　时间轴

图 6-55　将图片拉入时间轴

步骤 3:接下来进入 GIF 动画制作最核心的部分。

(1)单击"动画(帧)"框中的第一张图片,选中,然后在右侧的"图层"框中,显示图层名称为"1"的图层,将其他图层隐藏起来。

(2)对"动画(帧)"框中的第二张图片执行同样的操作,选中第二帧,显示右侧"图层"框中名称为"2"的图层,隐藏剩余其他图层。

(3)同上操作,处理剩余的所有图层和动画帧,直至所有的图层都进行了动画制作。

步骤 4:设置两个图片之间的切换时间,在"动画(帧)"框中,每张图片的右下角都会有一个数字,这个数字是用来设置动画的切换时间的,也就是所谓的时间间隔,如图 6-56 和图 6-57 所示。间隔越小动画越细腻。间隔时间也要根据现实情况来设置,设置过低会很快,感觉不真实;设置过高就成了"慢动作"版的动画,不切合实际。

所以建议大家结合实际进行操作。如果不能确定设置多大间隔，大家可以慢慢尝试着进行设置。经过试验，0.3 秒左右的时间间隔体现出的 GIF 动态图片的效果是最佳的。

　　步骤 5：接下来需要设置动画的循环次数，可以设置为循环"1"次、"2"次、"3"次、"永远"等，如图 6-58 所示。一般情况下会设置为"永远"，这样才能称之为真正的 GIF 动画。

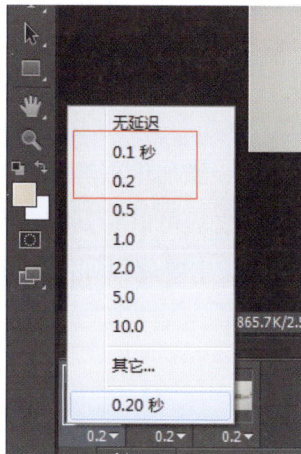

图 6-56　固定时间选择　　　图 6-57　其他时间设置　　　图 6-58　循环次数设置

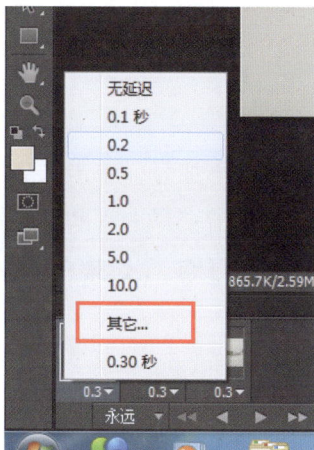

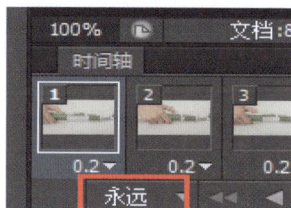

　　步骤 6：执行"文件→存储为 Web 所用格式"操作，选择格式为"GIF 格式"，如图 6-59 所示。此时，需要查看"动画→循环选项"是否设置为"永远"，如图 6-60 所示，如果不需要进行设置则可以单击"存储"按钮将其保存为 GIF 动画格式图片。至此，GIF 动态图片制作完毕。

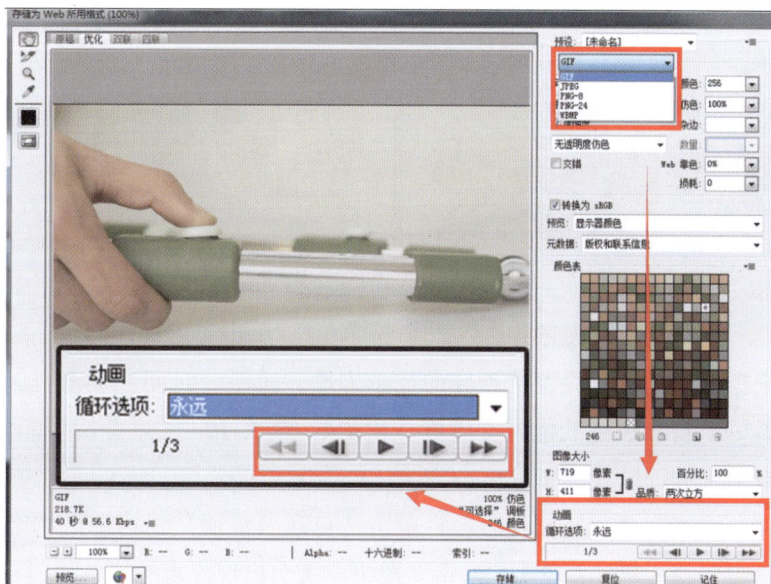

图 6-59　存储方式　　　　　　图 6-60　存储为 Web 所用格式（GIF）

实训 2　手机端优惠券与关联营销设置

实训目的

掌握手机端优惠券的设置及手机端详情页关联营销。

✔ 实训内容与步骤

1. 手机端优惠券设置

进入后台，单击自运营模块中的小加号，单击"店铺优惠券→添加优惠券"，这个服务属于营销服务，需要付费，单击"马上订购"按钮，进去之后可以看到有一个"15 天免费试用"的提醒，单击"立即订购"，选择"同意"并付款。主要流程如图 6-61 所示。

图 6-61　手机端优惠券设置流程

之后会出现优惠券，如图 6-62 所示。单击"店铺优惠券"，对其进行创建编辑，根据个人情况，设置优惠券的优惠力度、范围、时间，单击"保存"按钮，至此，就做好了自己店铺的优惠券设置，如图 6-63 所示。优惠券最多能添加 50 个，应根据自身情况进行设置，如图 6-64 所示。

设置完成后，回到后台，单击"自运营模块"，再单击"店铺优惠券"，选择自己设置的优惠券，单击"确定"按钮，就会出现优惠券了，如图 6-65 和图 6-66 所示。

图 6-62 优惠券显示页面

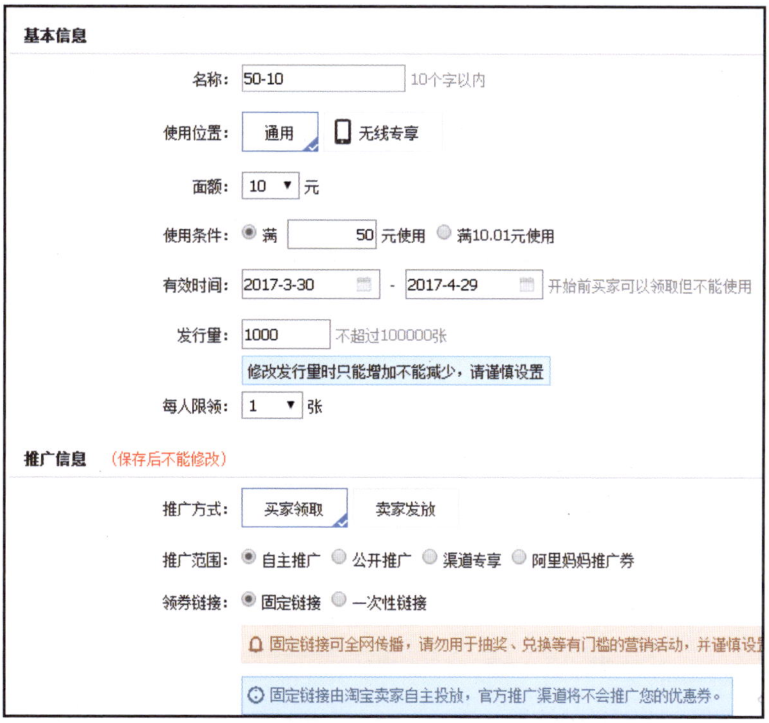

图 6-63 优惠券设置界面

图 6-64 "卡券管理"界面

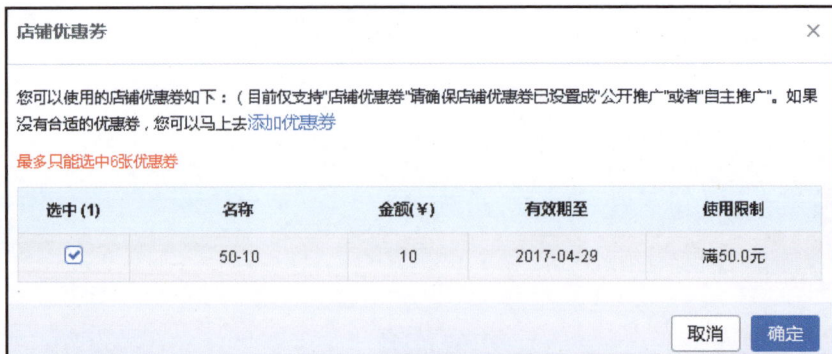

图 6-65　"店铺优惠券"界面

图 6-66　优惠券界面

2. 手机端详情页关联营销

进入"神笔→自运营模块管理"，选择"卖家推荐"，选择自己的宝贝，如果店铺宝贝多，就选择爆款放入推荐区域，确定之后上方会出现一个卖家推荐（注：必须要选择 3 个宝贝），如图 6-67 和图 6-68 所示。

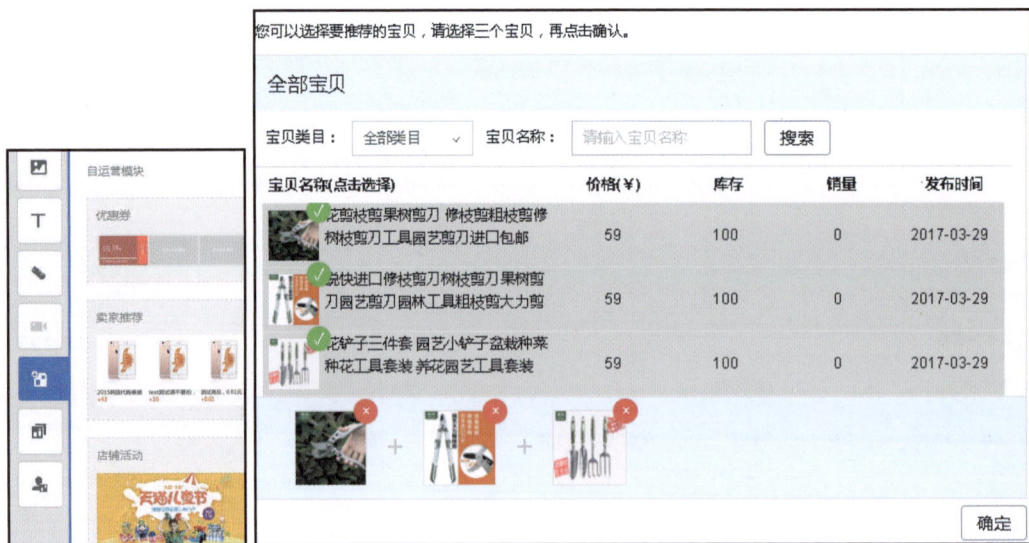

图 6-67　"卖家推荐"界面 1

图 6-68　"卖家推荐"界面 2

　　如果觉得产品推荐不合适，需要更改产品，单击"自运营模块"，再单击"宝贝推荐"，选择自己想推荐的宝贝即可。建议大家一次选择到位，不要反复修改，如图 6-69 所示。

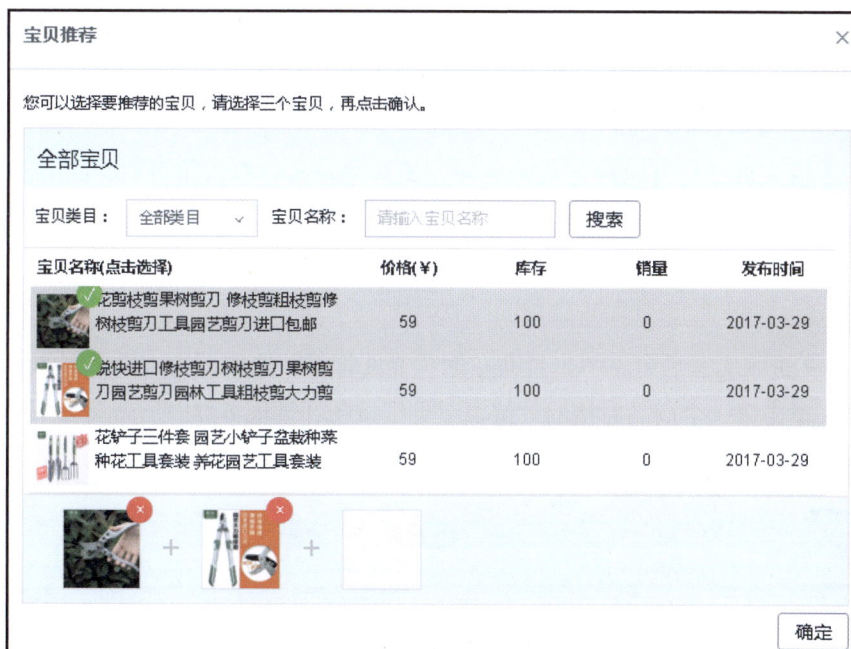

图 6-69　"宝贝推荐"界面

　　如图 6-70 所示的右方推荐模块有个箭头，可以选择模块的位置。所有模块都可以调整自己的位置和顺序。

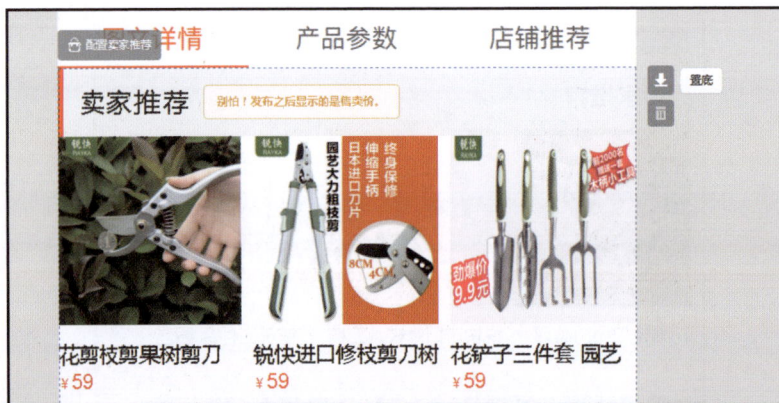

图 6-70　选择模块位置

实训 3　发布手机宝贝详情

实训目的

掌握手机端详情页的发布。

实训内容与步骤

发布手机宝贝详情有两种方式，一种方式是在发布一口价宝贝时，同时编辑好手机宝贝详情；另一种方式是在已发布的宝贝详情页里编辑手机宝贝详情，然后再次发布。

下面具体介绍如何在已发布的宝贝详情页里编辑手机宝贝详情，具体操作步骤如下。

步骤 1：进入卖家后台，单击页面左侧"宝贝管理"选项下的"出售中的宝贝"文字超链接，单击第一个商品右侧的"编辑宝贝"按钮，如图 6-71 所示。

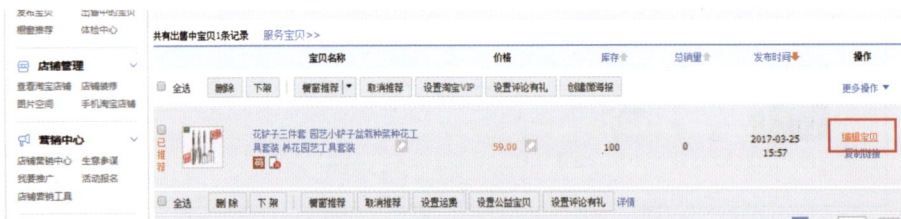

图 6-71　单击"编辑宝贝"按钮

步骤 2：在弹出的新窗口中，找到"手机端"描述，选择"文本编辑"，单击"文字"按钮，在出现的文本框中输入文字，单击"确认"按钮完成操作，如图 6-72 所示。

步骤 3：单击"手机端"描述下方的"图片"按钮，如图 6-73 所示。

步骤 4：此时，出现"图片空间"对话框，在"从图片空间选择"选项卡中选择需要的图片，单击"插入"按钮，如图 6-74 所示。

步骤 5：此时，图片已插入到手机详情描述页中，单击页面底部的"确认"按钮，即可完成手机宝贝详情的发布，如图 6–75 所示。

图 6-72　输入文字

图 6-73　单击"图片"按钮

图 6-74　插入图片

图 6-75　单击"确认"按钮完成发布

📌 项目小结

　　文案要运用情感营销引发消费者的共鸣，对于卖点的提炼要简短易记并反复强调和暗示。运用好 FAB 法则，有需求才有产品，我们卖的不是宝贝，卖的是顾客买到宝贝之后可以得到什么价值，满足什么需求，让理性的顾客进来，最后感性下单。详情页设计完成后需要配合分析询单率、停留时间、转化率、访问深度等数据以不断进行优化。前面讲解的宝贝详情页框架只是给大家提供一个参考，不同行业要不同对待，最好的方法就是收集同行业销量前几名的描述页，分析他们的布局文案构成，先模仿、后创作。美工人员不应该只停留于技术层面，也应该有自己的思路和想法，有和运营争论的资本，让自己有更大的提升空间。另外，详情页优化的好坏还与整个运营设计团队的文化素养和学识有着密不可分的关系。

🌱 同步测试

一、单项选择题

在线测评 6

　　1. 通常情况下，详情页设计思路遵循（　　）五个营销环节。

A. 引发兴趣、激发潜在需求、从信任到信赖、从信赖到想拥有、替客户做决定

B. 引发兴趣、激发外在需求、从信任到信赖、从信赖到想拥有、替客户做决定

C. 引发兴趣、激发潜在需求、从信任到决定、从决定到想拥有、替客户做决定

D. 引发兴趣、激发外在需求、从信赖到想拥有、从信任到信赖、替客户做决定

　　2. 详情页中的动态图片格式是（　　）。

A. BMP　　　　　　　B. JPG　　　　　　　C. PNG　　　　　D. GIF

　　3. 可剪切出固定大小的图像而不管图像区域时应使用（　　）。

A. 矩形选框工具　　B. 裁剪工具　　　　C. 移动工具　　　　D. 图章工具

　　4. 优秀的焦点图设计通常包含（　　）。

A. 展示产品、广告语、用户对象、核心卖点、名称、价格、让利

B. 展示产品、广告语、用户对象、让利

C. 展示产品、广告语、用户对象、核心卖点

D. 展示产品、广告语、用户对象、名称

　　5. 买家需求类别是（　　）。

A. 直接需求和潜在需求　　　　　　　B. 直接需求

C. 潜在需求　　　　　　　　　　　　D. 无需求

二、多项选择题

　　1. 一般情况下采用（　　）形式来激发客户的潜在需求。

A. 场景图　　　　B. 动态图片　　　　C. 模特图　　　　D. 品牌故事图

2. 在详情页中，有利的营销工具图包含（　　　）。

A. 商品信息图、参数图　　　　　　　　　B. 实拍图、展示图

C. 细节图、PK 图　　　　　　　　　　　　D. 好评图

3. 以服装类目为例，设计细节展示环节包括（　　　）。

A. 款式细节　　　　B. 做工细节　　　　C. 面料细节　　　　D. 内部细节

4. 产品调研应从（　　　）方面进行分析。

A. 性能、质量　　　B. 价格、材质　　　C. 工艺、包装　　　D 卖点、外观

5 详情页的设计思路基本上遵循的五部曲是（　　　）。

A. 引发兴趣　　　　　　　B. 激发潜在需求　　　　　　C. 从信任到信赖

D. 从信赖到想拥有　　　　E. 刺激购买行为　　　　　　F. 替客户做决定

三、简述题

1. 如何了解消费者最在意的是什么？

2. 简述如何在宝贝详情页中完整地表现细节图。

项目 7　无线端店铺页面装修

项目导图

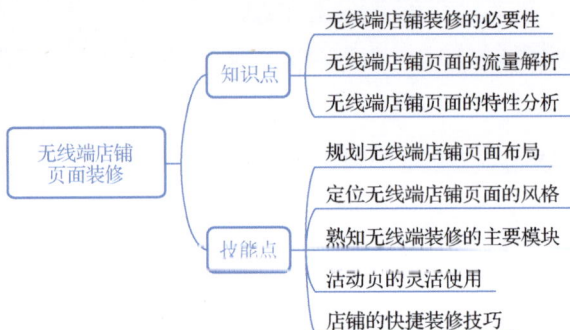

引例

　　老王负责一个专门做绣花桌布的生产厂家已近 30 年，该厂设计的花样专利有数十种，在当地市场销量非常好。2009 年，老王在淘宝网上开了网店来销售桌布，一度销售非常火爆。小李跟老王同村，是一个刚毕业的大学生，因为村里人大多都从事家居用品的生产，于是小李自 2015 年毕业后就开始在网上卖桌布。老王看着小李网上生意做得风生水起，心里很郁闷，因为他的店铺最近销售额日渐下降，明明他做得早，店铺也设计得高大上，可为什么小李这个刚开的店铺却销售得这么好呢？产品都是相似的，问题到底出在哪里了呢？老王的店铺到底需要怎样进行调整呢？

> **引例分析**
>
> 　　现在社会已经进入"要么电子商务，要么无商可务"的电商时代，在网上开店不再是产品放上就能卖了。电商已经进入一个看图的时代，2017 年"双十一"淘宝、天猫的销售额高达 1682 亿元，其中无线端流量占比高达 90%，老王的店铺虽然仿照小李的找人进行了装修，但他的无线端根本没做，在无线端占比如此高的情况下，对无线端没有正确的认识，是当下一些中小卖家的通病。在本项目中，应纠正老王的错误认识，让老王明确意识到无线端的装修价值，教老王规划一个高转化率的无线端店铺首页布局。

任务 1　认识无线端店铺页面

　　在设计无线端店铺首页前，首先要明白，无线端店铺的首页起的作用比 PC 端的首页更大，无线端店铺首页起着强大的分流作用，所以无线端店铺首页布局的好与坏，决定了店铺内流量流转是否健康（见图 7-1）。

PC: 宝贝 ➡ 关联 ➡ 宝贝

无线: 宝贝 ➡ 首页 ➡ 宝贝

图 7-1　无线端店铺首页的分流

7.1.1　装修无线端店铺页面的原因

当下，很多无线端店铺首页都没有得到重视，很多店铺首页直接引用 PC 端的设计，文字太小看不清，图片太大手机屏幕显示不全，色彩偏暗看着不舒服……

2017 年的"双十一"，淘宝、天猫成交额高达 1682 亿元，天猫无线端流量的占比更是达到了 90%（见图 7-2），各平台在阿里系电商平台带领下快速发展，消费者数量也得到了快速增长，网购已成为一种新常态，消费者选择呈现商品、平台的多样化，无线时代已经来临，对无线店铺的装修已经是任何一个电商商家都必须重视起来的事情。

7.1.2　无线端店铺页面流量解析

（1）PV（访问量）、UV（访客量）占比：50% 左右正常。

首页 PV 和 UV 占总流量的比例过高，这说明了什么问题呢？有这样一个店铺，其首页 PV 和 UV 占总流量的 70%，说明老客户比较多，只有老客户才会直接访问首页。那新客户呢？如果都做老客户生意，没有新客户，这样生意好做吗？不好做！事实也是如此。这家店铺最大的问题就是没有新客户，老客户也在慢慢流失。这是肯定的，没有新鲜血液，生意就像一潭死水。

如果这个占比过低，如只有 5% ～ 6% 又是什么情况呢？一般情况下，80% 的访客会直接进入单品页面，进入单品页面后有两种情况：第一，直接购买；第二，跳失。如果访客没有进入首页，则说明整个店铺的路径很乱，活动不吸引人，访客就没有去看首页的欲望。所以说占比过高或过低都不好，50% 左右才是正常的。

（2）跳失率：50% 以下。

跳失率指从该页面进入，又从该页跳出。这个值当然是越低越好。

（3）跳出点率：50% 左右。

跳出点率指从其他页面进入，从该页面跳出。这个值也是越低越好。

（4）首页到宝贝页、分类页的点击率。

这个数据很关键，它直接反映出首页的推荐宝贝或推荐分类是否合理，是检查购物路径是否合理的重要指标。

首页到宝贝页的点击率，如果首页第一屏放的宝贝的点击率反而比其他屏宝贝的点击率低，则说明首屏推荐的宝贝和顾客想要的不一致。

首页到分类页的点击率，在整个店铺里面，哪些分类是卖得比较好的，哪些是你想要重点推的类目，应该突出显示，让它的点击率最高（见图 7-3）。

（a）

无线时代

2017年"双十一"期间
天猫无线端与PC端成交额占比

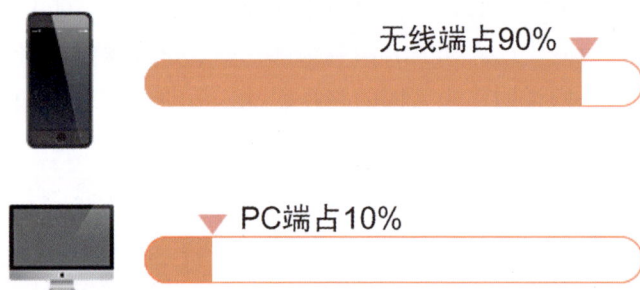

无线端占90%

PC端占10%

（b）

图 7-2　2017年"双十一"无线端占比

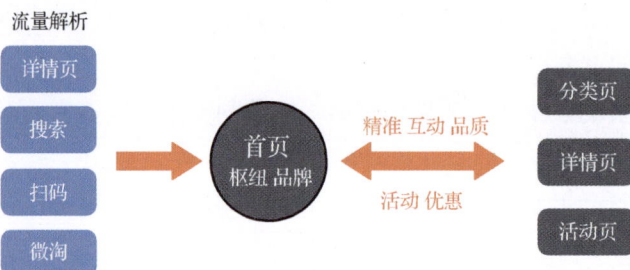

图 7-3　无线端店铺页面的流量解析

7.1.3 无线端店铺页面特性分析

1. 无线端消费者的特征

从日常经营数据分析，无线端客户与 PC 端客户有很大区别。从性别的角度看，无线端使用人群 75% 以女性为主，年龄在 18 ～ 30 岁，且年龄日趋年轻化；从消费能力看，中高端消费者居多；从客户消费数据看，价格敏感性明显降低，再加上比价困难，所以用户做决定的时间较短。

那么，商家应如何转变思维，经营自己的无线端店铺呢？我们要根据消费者的喜好和消费习惯，打造出消费者想要看到的无线端店铺，而不是以先入为主的经验去创造。

2. 无线端人群的访问时间特征

无线端消费者网上购物的时间特征如图 7-4 所示。

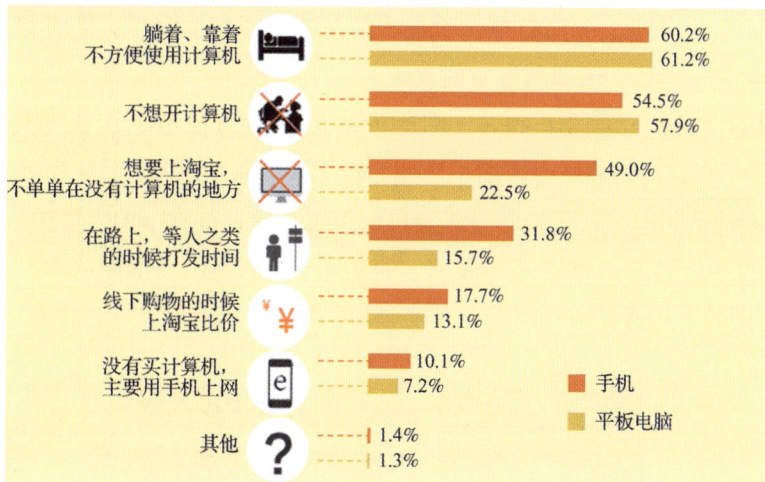

图 7-4 无线端消费者网上购物的时间特征

通过图 7-4 可以看出，无线端消费者和 PC 端消费者上网选购商品的时间有极大的差异性。因为使用移动设备上网更加方便快捷，消费者可以随时随地上网，消费者更多的是充分利用移动设备打发等待时间，通过阿里巴巴后台数据可以得出有意思的 3 个时间点：消费者经常是在"床上"、"车上"、"马桶上"使用移动设备。现汇总无线端访问时间的特点如下。

（1）访问时间碎片化。商品和店铺随时随地触达买家。

（2）休闲时间访问。快捷地让消费者在短时间内获取其感兴趣的内容。

3. 无线端访问的网络来源

我们还需知道，客户在访问无线端店铺时所使用的网络。淘宝的大数据告诉我们，近 60% 的客户使用 Wi-Fi 访问淘宝，而剩余近 40% 的客户通过 3G/4G 网络进行访问，如图 7-5 所示。

在目前主流网络是 3G/4G 的情况下，访问速度受网络的影响还是比较明显的，所以当很多店铺使用超大容量的图片时，受网速影响，加载时间过长，就会导致客户流失。

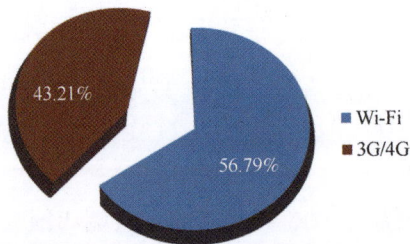

图 7-5　无线端访问网络占比

4. 无线端店铺页面局限性

无线端页面受屏幕的局限，能展现的页面内容比较少，这就要求无线端页面布局应导向性强，主次分明，页面简单，主推产品及活动要更加突出，能在极短的时间内让买家接收到关于产品、活动的重要信息。

无线端图片相较 PC 端要小很多，图片布局也完全不同，图片上面的文字也变得很小，因此把 PC 端的页面装修内容缩小后照搬到无线端是绝对不行的！如果在手机上的买家看不清图片上的内容，就更不会看宝贝详情了，导致跳失率大大增加。

在做无线端店铺装修时要遵守简洁、直击重点的原则（见图 7-6），切不可照搬 PC 端的装修图片，以为是节约时间，其实是事倍功半。

图 7-6　无线端店铺页面特点

认识无线端店铺页面

◆　任务 2　规划高转化率无线端店铺页面布局

7.2.1　无线端店铺页面的布局

无线端店铺页面的布局关系到页面流量的去向，所以一定要有合理的规划。

（1）第一屏很关键，一定要放能代表店铺形象的高流量、高利润产品。

（2）合理的分类导航可以缩短购物路径。

（3）产品陈列要风格统一，重点突出。

（4）高销量、高利润的产品可以在首页重复出现。

在设计无线端页面时该如何规划呢？

第一，要找到你的竞争对手，分析他们的优劣之处。

第二，在心目中有一个自己中意的参考对象，也就是模仿对象，不要认为模仿就是抄袭，其实人类的很多科技进步，都是在模仿的基础上实现的。

第三，使用自己熟悉的软件，画一个无线端店铺页面的规划图，如图 7-7 所示。

在这个规划图中把首页第一屏的爆款产品信息/促销内容、第二屏的分类导航内容，以及第三、第四、第五屏等内容都规范出来，同时把店铺的主色调、字体都确定好。设计好的无线端店铺首页如图 7-8 所示。

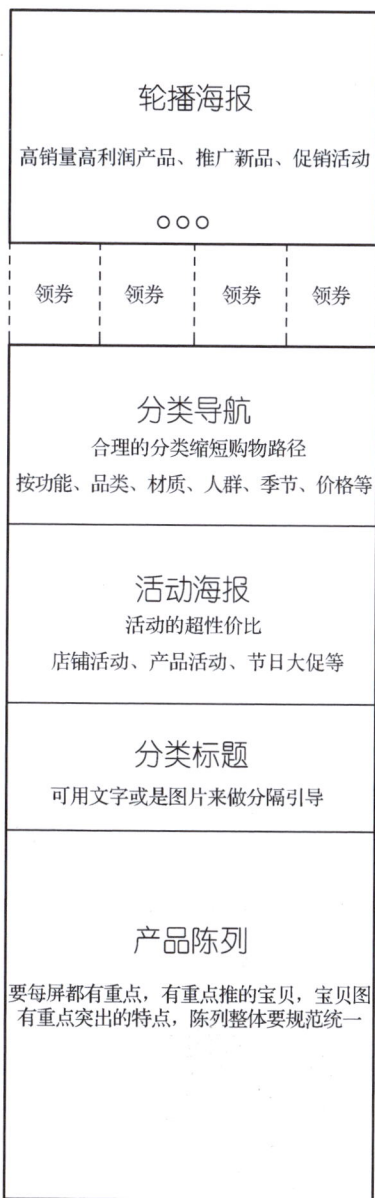

图 7-7　无线端店铺页面框架

图 7-8　无线端店铺首页案例

首页的产品排布可以通过店铺真实成交量及生意参谋等辅助性软件对店内产品进行分析来决定（见图7-9）。一般会将销量较好、利润较高的热销款放在页面靠前的位置，其表现形式可使用单张海报陈列、海报轮播、爆款推荐模块等手法进行陈列。然后是店铺内性价比较高和点击率较高的宝贝会放在店铺中间的位置，目的是使进入店铺的消费者有继续浏览页面的欲望。最后是店铺中一些辅助产品和已经卖出口碑、信誉并且有一定回头客的经典款会排列在页面稍微靠后的位置（见图7-8）。

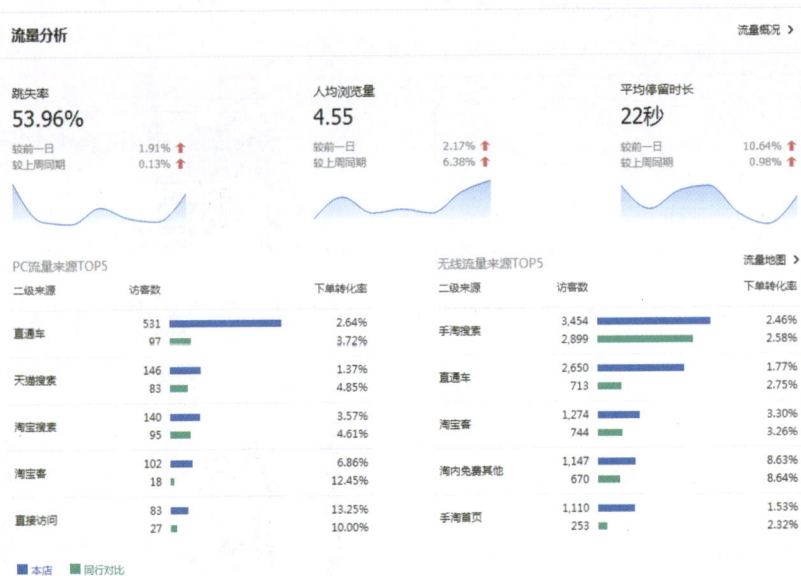

图 7-9　流量数据分析

7.2.2　无线端店铺页面的风格定位

页面风格定位的主要目的是：吸引消费者目光、迎合大多买家的审美以及给自己的产品进行定位。

1. 根据宝贝本身特性定位

进行页面设计前需先了解店铺产品的特性，根据产品本身的特点、颜色、外貌特征定位页面整体风格和色彩（见图7-10）。

图 7-10　无线端店铺首页风格案例

2. 根据购买人群的年龄、心理、审美等方面定位

　　根据主要购买人群的年纪定位页面的风格，例如女性服饰，如果主要购买人群为年轻女性，则页面设计需要清新、简洁、阳光的风格，这样才能迎合多数人的审美及心理（见图 7-11）。

图 7-11　无线端店铺首页风格案例

3. 根据产品品牌定位

　　店铺要根据自身品牌进行定位，比如品牌的主要用色、品牌的定价等。如图 7-12 所示女童裙子，其品牌定价为中高端消费人群，那么店铺的整体装修可以从简约、温馨、个性化较强几个方面入手，如果价位较高，页面则可以做得奢华些，以彰显高贵、奢侈、与众不同。

　　小贴士

配套微课视频，请扫描二维码进行学习。

规划高转化率无线
端店铺页面布局

图 7-12　无线端店铺首页风格案例

✔ 任务 3　滚动广告与分类模块

7.3.1　无线端店铺页面装修模块

在介绍无线端店铺功能模块前，应先明确一下无线端店铺的装修目的。

（1）为了引入流量、提升销量；

（2）为了给买家提供便捷，能简捷快速地找到所需产品；

（3）为了让买家对店内销售的产品有清晰的了解。

明确了要达到的目的后，在装修的过程中对每个模块的使用就可以更加精准。无线端店铺页面装修入口及后台操作如下。

方式：登录淘宝账号→卖家中心→手机店铺或直接进入无线运营中心。

访问 wuxian.taobao.com 即可进入无线店铺的后台装修页面，单击"店铺装修"，选择"店铺首页"，进入店铺装修页面，如图 7-13 所示。

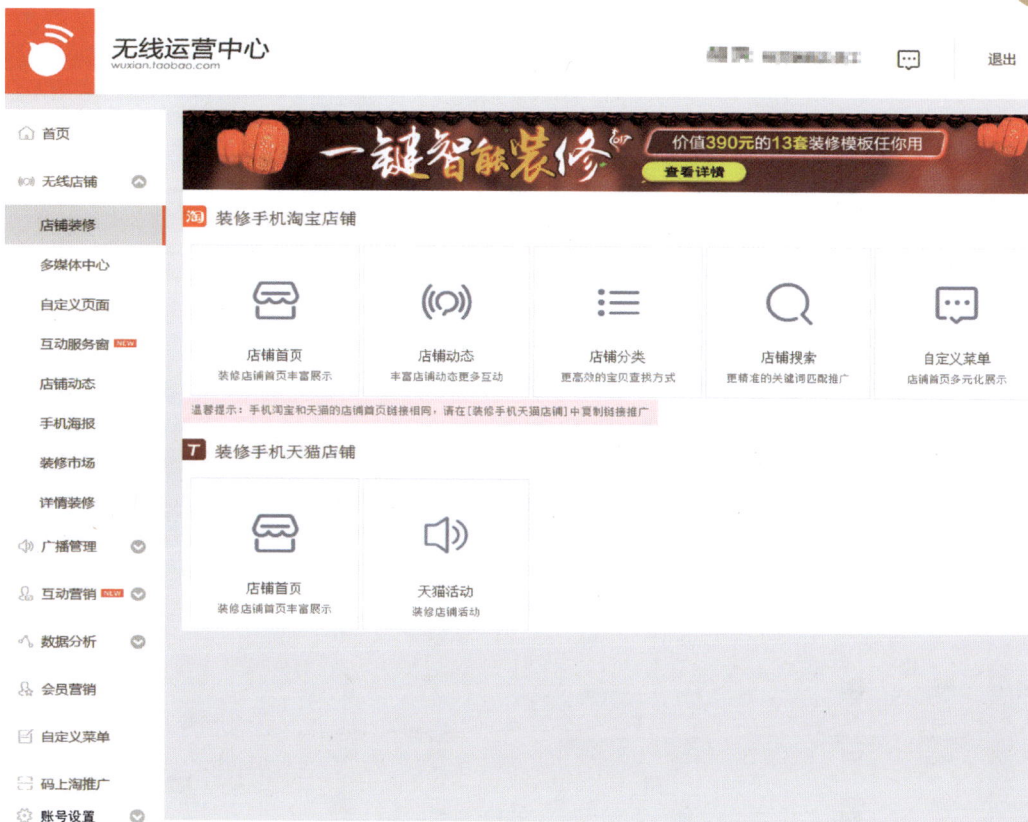

图 7-13　无线端店铺页面装修入口

无线端店铺装修页面主要有 4 个模块，分别是宝贝类模块、图文类模块、营销互动类模块、智能（其他）类模块，如图 7-14 所示。

7.3.2　无线端店铺店招

店招有一张背景图片、LOGO，在前端展示时还会出现店铺名、粉丝及关注按钮。

LOGO 一般为 JPG/PNG /GIF 格式，文件大小在 80KB 以内，图片尺寸为 80 像素 × 80 像素。LOGO 应易读、易记、简洁。

新版店招背景图片尺寸为 750 像素 ×254 像素，无线端店铺的店招不同于 PC 端店招，无法展示得那么全面，建议使用简约风格，主要作用是展示一个店铺品牌、活动、实力的功能，建议不要放过多的产品或添加过多的文字，以免让人感到烦琐、不美观。

设计店招背景图片时可以参考以下思路。

（1）传达店铺品牌及产品定位，适合品牌性店铺，主要突出产品的品质及品牌形象，如图 7-15 所示。

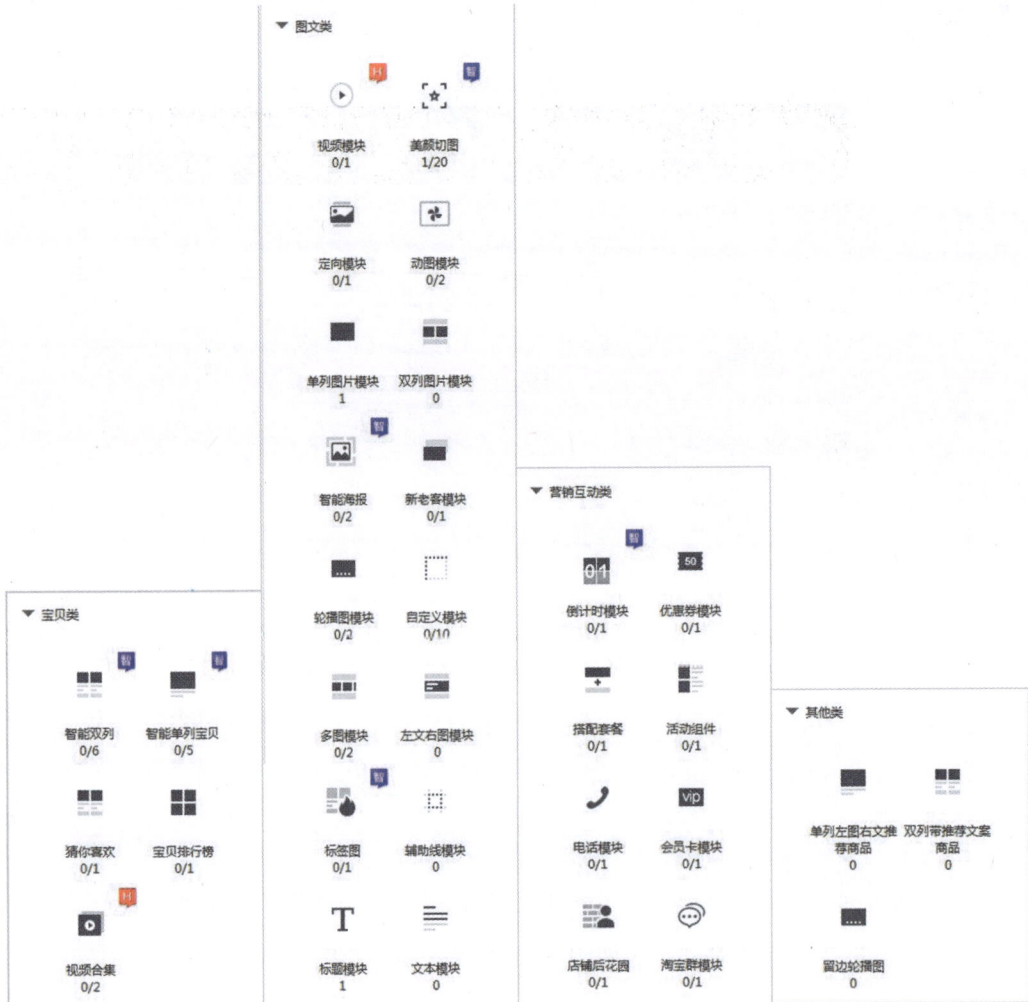

图 7-14　无线端店铺页面装修模块

图 7-15　无线端店招案例 1

（2）店内活动，适合营销型店铺，主要突出店内的促销活动，如图 7-16 所示。

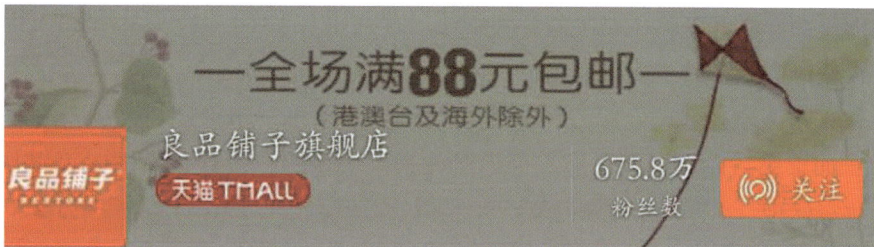

图 7-16　无线端店招案例 2

（3）店内新品，适合推广新品的店铺，主要突出产品的更新，如图 7-17 所示。

图 7-17　无线端店招案例 3

7.3.3　滚动广告模块

滚动广告模块又称轮播模块（以下称"轮播模块"），一般用于呈现店铺形象、店铺实力、推荐店铺活动及热销款产品。轮播图一般为 JPG/PNG 格式，图片尺寸为宽 750 像素、高 200～950 像素，最多可添加 4 张图片，装修页面中共可添加两个轮播模块（见图 7-18）。

滚动广告模块

图 7-18　无线端店铺轮播模块

轮播模块是店铺内的重点区域，需要充分加以利用，因为顾客进店后首先看到的就是该区，曝光率最高，渲染作用最为明显，建议此区域放置 3～4 个代表店铺形象和风格的生动漂亮的大图。为什么有的店铺一看就让人流连忘返，如七格格（很潮）、裂帛（民族风）、茵曼（清新文艺范），都给人眼前一亮的感觉。

就像人与人刚接触时，第一眼感觉很关键。如果第一印象良好，那么后面就很容易沟通；如果第一印象不好，那么后面的沟通就会困难。设计轮播图时可以从以下4个方面进行体现。

1. 服务

如图7-19所示是小狗电器的轮播图，页面中对服务的承诺增强了买家的信任感。

图7-19　无线端店铺轮播设计案例1

2. 品质

轮播图要能表现产品与众不同的品质。因为产品定位的人群已经具备这个层次的消费能力，这里就应主要突出产品的质感、调性（见图7-20）。

图7-20　无线端店铺轮播设计案例2

3. 价格

消费者永远不会单纯地认为价格越低越好，他们关心的是自己所买的宝贝，在相同品质下是否物有所值，你要让消费者觉得这个宝贝是物超所值的（见图7-21）。

图 7-21　无线端店铺轮播设计案例 3

4. 新品活动

因为无线端首页屏幕的局限性，在店铺推广新品时，应以简洁、直接的方式来展现（见图 7-22）。

图 7-22　无线端店铺轮播设计案例 4

首页轮播图的设计要点如下：

（1）大促信息清晰可见，避免多重信息和视觉混乱；

（2）单品以爆款为主，排版简洁，突出产品；

（3）大促活动爆款推荐，信息清晰、简单、直接。

7.3.4　分类模块

分类模块的主要作用是给顾客提供引导、选择的索引，所以个人建议不要设计得太过花哨，简洁大方、清晰直接就好，合理的分类导向，可以给顾客更好的购物体验，从而提高店铺的转化率。

分类模块

无线端页面装修模块中有自带的标题模块，可以从文字上来做分隔、引导分类，该模块最多支持 20 个中文字符，主要是做好文案引导（见图 7-23）。

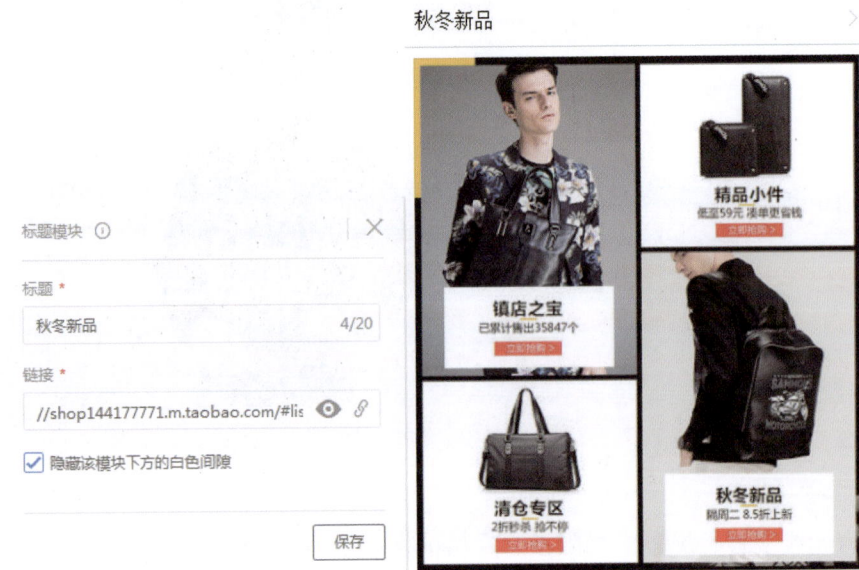

图 7-23　无线端店铺标题模块

　　为了无线端页面的美观统一，建议采用图片分类方式。分类时应该如何做到更精准地引导顾客呢？建议按产品类目中消费者的购物习惯，按功能、品类、材质、人群、季节、价格等来做分类，这样顾客才能更快地找到自己需求的产品（见图 7-24 和图 7-25）。

图 7-24　无线端店铺图文分类案例 1

　　图片分类模块建议使用装修模块中的美颜切图模块（智能版店铺具备的功能模块），装修页面中可添加 20 个美颜切图模块，图片格式为 JPG/PNG，图片宽度为 750 像素、高度为 335 ～ 2500 像素，如图 7-26（a）所示；可在分类图片设计上传后，在装修页面中自行画热区加链接，使用及修改都非常灵活方便，如图 7-26（b）所示。该模块的在线制作中有很多免费模板可以直接使用。

图 7-25　无线端店铺图文分类案例 2

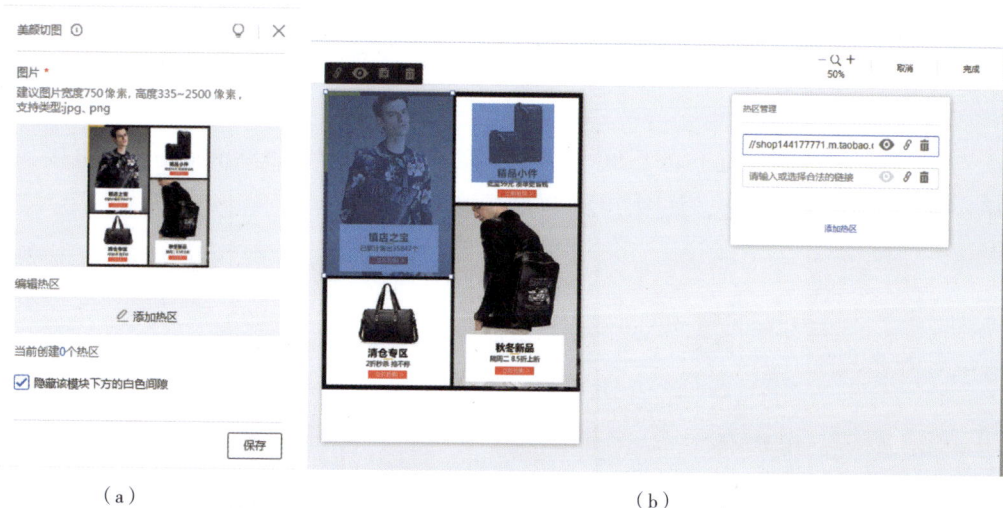

（a）　　　　　　　　　　　　　　　　（b）

图 7-26　无线端店铺美颜切图模块

✔ 任务 4　活动模块与自定义模块

7.4.1　活动模块

活动模块是店内曝光率最高，渲染作用最为明显的模块，内容可以推荐近期店内的主推活动页及产品，比如换季热卖、满减包邮、收藏有礼等，店铺的活动模块在无线端装修页面可以采用多种模块来展现，如单列图片模块、美颜切图模块、轮播图模块、自定义模块等。以单列图片模块为例，该模块图片格式为 JPG/PNG，尺寸为宽 750 像素、高 200～950 像素，

活动模块

如图 7-27 所示。

图 7-27　无线端店铺单列图片模块

无线端的活动图设置不同于 PC 端，无线端的活动建议以爆款活动为主，直接、清晰、简洁地突出活动主题，如图 7-28 和图 7-29 所示。

图 7-28　无线端店铺活动模块 1

图 7-29　无线端店铺活动模块 2

7.4.2　自定义模块

不少掌柜、运营在装修无线端页面时要求大气，可是无线装修宽度有限，更有图片上传尺寸的限制，在软件里显得难以施展，而现在无线端装修的自定义模块就可以彻底解决这个装修僵局。在自定义模块中可以自由地发挥，装修页面中最多可以添加 10 个自定义模块，图片格式为 JPG/PNG，图片尺寸可以自行选择拉动来确定；但是区别于 PC 端的自定义模块，无线端的可视化框架是建立在图片基础上的，不涉及 HTML 源代码（见图 7-30）。

自定义模板

图 7-30　无线端店铺自定义模块 1

如何才能玩转自定义模块呢？经过操作会发现可视化模块有以下几个特点。

（1）至少 4 个框架才可以独立一个子模块。

（2）只有拉好框架才显示图片大小。

（3）最小子模块尺寸是 80 像素 ×80 像素，这是一个格子的大小。

一行有 8 个格子，那么，屏幕宽度就是 80 像素 ×80 像素 =640 像素，高度可以根据自己的需要进行规划，最小规划为一个小格，尺寸是 80 像素 ×80 像素，之后每增加一行（或列）格子，便增加 80 像素。所以就能很好地控制高度，只需要打开后台去拉一拉格子就能知道模块尺寸（见图 7-31）。

（4）自定义模块每张图片上传后为无缝拼接。

明白这一道理，对于版块规划是很有意义的。无缝的好处在于，不管页面设计怎么做，只要大部分内容区处于这个尺寸范围内，方便点击添加链接，那么切图后上传的时候，就不用担心图片与图片之间会存在空隙，换句话说，可以拓宽设计师在设计页面的时候,进行叠加每个设计内容,而对产品真正做到"自定义"的展示(见图7-32)。

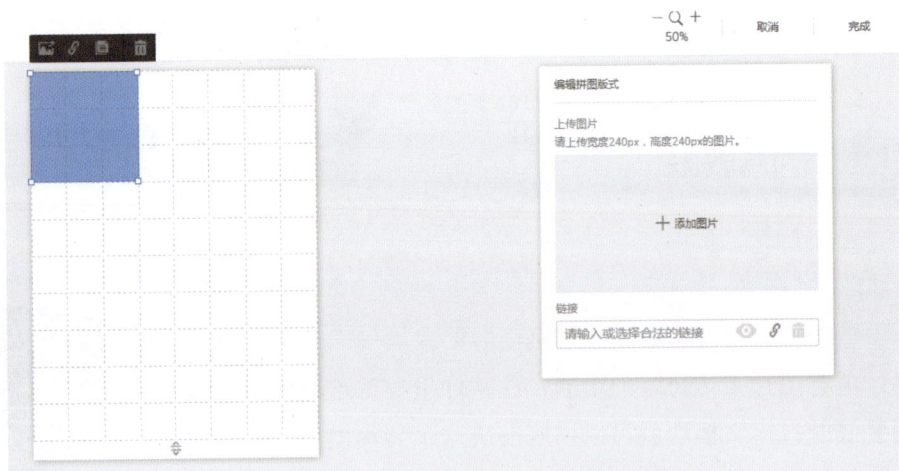

图 7-31　无线端店铺自定义模块 2

图 7-32　无线端店铺自定义模块 3

在图 7-32 中，产品分类图部分需要切 6 张图片，要注意自定义模块中的每张图片尺寸都必须是 80 像素或 80 像素的倍数，需将产品按照想要的排版方式排好，做到图片大部分内容处于规定尺寸范围之内，如有部分图片溢出问题也不大。

因自定义模块的拉动相对其他图文模块更为自由，所以其设计自由度也更大。

（5）将无线端当成页面去设计，而不是作为容器去填充内容（见图 7-33）。

图 7-33　无线端店铺自定义模块 4

要真正做到自定义设计，就需要跳脱格子限制，正确的方式是以格子尺寸为骨架，对应增加设计页面的内容。以图 7-33 所示案例为参考，常规做法是：海报应用焦点图模块，优惠券应用多图模块，公告应用左图右文模块。而我们可以尝试的是突破使用习惯，用自定义模块去做占屏比较多的版面设计，这样手机用户在浏览店铺的时候，海报带来的冲击感会更强烈，在与其他内容进行叠加或者做背景的处理时，整体感也会更强。

在使用自定义模块做设计时可以分为以下几步。

（1）分析页面的策划内容，将自定义模块当成页面设计，规划每个内容应给予的篇幅大小，在草稿纸上规划页面大概的排版布局。

（2）知道每个内容的大概布局之后，可以初步将内容进行排版，拉好参考线。

（3）由于上传图片时，图片的尺寸大小至关重要，所以在拉参考线时需要注意尺寸不得有误，可以用选区工具拉出规定尺寸，再拉上参考线。熟悉尺寸会对页面的规划有很大的帮助。

✔ 任务5 无线端店铺活动页（展示页）

7.5.1 无线端店铺活动页的主要功能

无线端店铺活动页面是可以独立编辑的页面，非常便于店铺活动、产品信息的同步，从而提高顾客的购物体验，增强顾客的访问深度，降低无线端店铺首页的跳失率。若能有效利用自定义页面，它将是一个店铺的流量转化利器，自定义页面可根据店铺顾客的需求制作单品推介、活动推广、会员专区、品牌故事等。

无线端店铺活动页装修案例如图7-34所示。

图7-34 无线端店铺活动页案例

7.5.2 无线端店铺活动页的主要类型

无线端店铺活动页面主要分3类。

（1）产品推广的活动页面。

该页面常在打造新品或热销单品时使用，它能做到以下3点：

①信息传达一致，突出唯一性；

无线店铺活动页
主要功能及类型

②满足时间紧迫感的需要；

③适合于新品的展示，强调卖点，突出设计（见图 7-35）。

（2）店铺活动推广时使用的活动页面。

该页面一般有两种场景：一种是体现整体活动感觉而做的活动专辑页面；另一种是大促时进行的独立页面设计（见图 7-36）。

（3）与顾客互动专区，如会员中心、签到处、关注有礼、买家秀等，通过类似的方式维护老顾客，增加与顾客的黏度，为店铺圈定粉丝，在千人千面的今天为店铺引来更精准的流量（见图 7-37）。

图 7-35　产品推广活动页

图 7-36　店铺活动推广时的活动页面

图 7-37　店铺活动展示页

7.5.3　无线端店铺活动页的设计流程

设计无线端店铺活动页，一般应先布局，再确定素材，最后开始

无线店铺活动页
的设计流程

装修，从而得到一个好的页面（见图7-38）。

首先，在布局方面，一定要确认好活动页面的目的性，根据活动目的做出布局草图，再根据布局草图填入宝贝；然后，在选择素材时考虑无线端的特性，尽可能做到宝贝突出、信息分明，参照框架填入相关素材。至此，一个漂亮的无线端店铺展示页面就呈现在眼前了（见图7-39）。

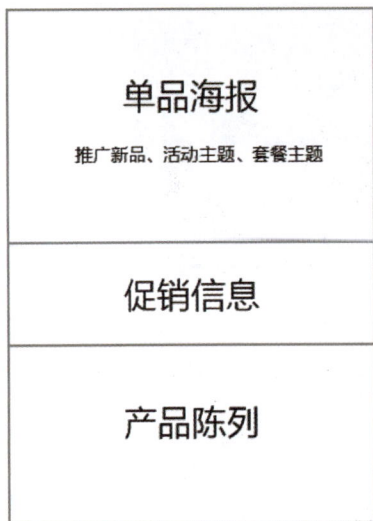

图7-38　活动页布局规划

图7-39　无线端店铺展示页装修案例（新品推广）

7.5.4　无线端店铺活动页入口及操作

登录淘宝账号，进入"卖家中心"，选择"手机店铺"，进入"无线运营中心（wuxian.taobao.com）→无线店铺→自定义页面"，如图7-40所示，单击"新建页面"，可以根据店铺需要给自定义页面命名。

装修无线店铺活动页的入口及操作

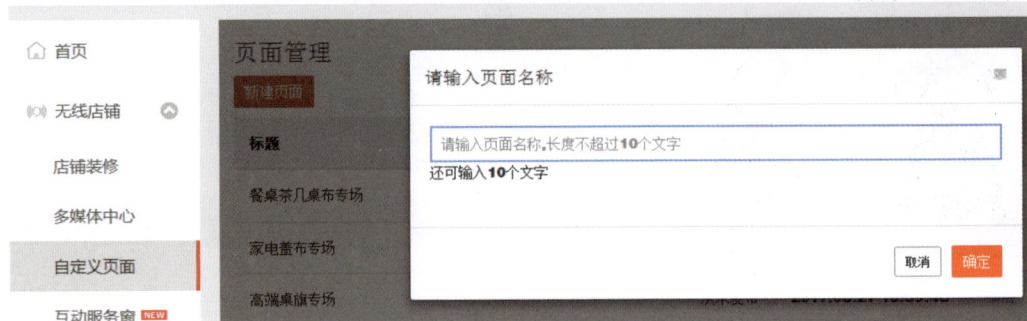

图7-40　建立活动页

单击"编辑"按钮即可进入自定义页面装修界面，这跟前面讲过的无线端店铺首页装修是一样的（见图 7-41）。

图 7-41　活动页装修入口

将前面设计好的页面，在自定义装修里按模块装修发布。装修完自定义页面后，要怎么才能在手机端店铺里看到呢？接下来介绍如何将自定义页面展示在手机端首页。

首先进入"自定义菜单"（见图 7-42）。单击"创建模板"按钮，可根据店铺需要创建单品推广、活动促销等模板（见图 7-43），且可以随时更换。创建模板后，根据需要进行选择，在无线端店铺首页下端展示菜单内容（见图 7-44）。

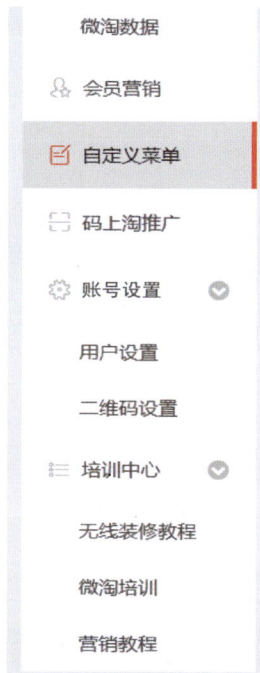

图 7-42　自定义菜单入口

图 7-43　创建菜单模板

每个菜单内都可添加二级菜单，二级菜单可以链接产品分类页，也可以链接自定义页面（见图 7-45）。

每个主菜单最多可添加 5 个二级菜单，添加完成后单击"确定发布"按钮（见图 7-46）。

在无线端店铺首页底部即可看到设置的菜单（见图 7-47）。

从添加的菜单中即可进入之前设置的自定义页面，因为入口比较直观、方便，通过自定义页面的有效利用，就可以优化店铺购物路径，让买家更方便、快捷地找到心仪的产品，降低店铺首页跳失率，从而提高店铺转化率。

图 7-44　自定义菜单编辑页面

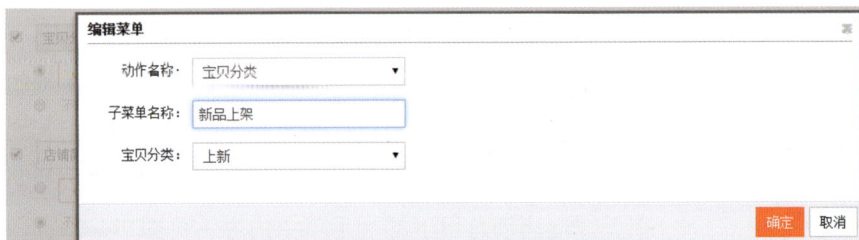

图 7-45　自定义菜单的二级菜单编辑页面

图 7-46　自定义菜单"确定发布"

图 7-47　自定义菜单前端展示

同步阅读

网店的快捷装修方法

　　店铺装修有很多不同的方式，以下提到的方式是淘宝天猫店铺中比较常用的方式之一，图 7-48 中列举了三种装修方式的优缺点供大家参考。

序号	常见问题	装修方法一 淘宝装修市场模板	装修方法二 免费源代码模板	装修方法三 350 装修模板
1	是否需要懂得网页源代码	不需要	不需要	不需要
2	使用难易度	一键安装	手工代码替换	一键安装
3	后期页面模块更改	方便	复杂	方便
4	费用	5～60元/月	免费	30～120元
5	付款方式	按月付费	永久免费	一次性付费
6	优缺点	方便但持续按月付钱	免费但装修费时间	一次付费长期使用
7	推荐指数	★★★★	★★★	★★★★★

图 7-48　三种装修方式对比图

　　1. 购买淘宝装修市场模板装修法

　　登录淘宝账号，进入"卖家中心→店铺装修→装修模板"，即可进入装修市场，可以根据店铺需要选择相应的模板，选择的模板可以先试用查看效果，再决定是否购买，现在的淘宝后台越来越智能，很多功能都非常方便快捷（见图 7-49）。

购买淘宝装修市场模板装修法

　　2. 免费源代码模板装修法

　　以淘宝 C 店为例，现在的 C 店装修后台中没有 1920 的通屏轮播模块，如果店铺装修中需要，可以借助一些代码自动生成网站，操作非常简单（见图 7-50）。

　　3. 350 装修模板装修法

　　350 网店装修服务平台是一家为中小卖家提供各种开店便捷服务的服务平台，在 350 中可以直接购买店铺装修模板等服务，装修流程比较方便简单，网址为 www.350.net（见图 7-51）。

图 7-49　淘宝模板市场

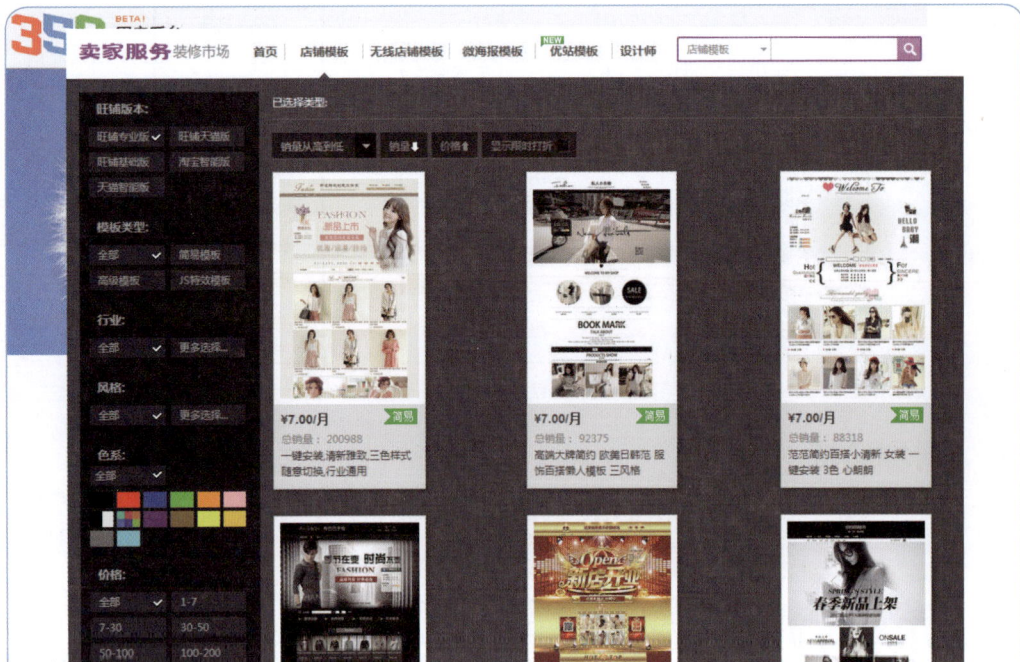

图 7-50　免费源代码模板网站

图 7-51　350 网店装修服务平台登录入口

　　350 店铺装修及详情页模板服务功能，只需要花费一次性小额的账号开通对应权限，就可以长期使用平台的全部模板，相对淘宝按月付费要好很多。350 模板平台账号开通入口可扫描二维码（见图 7-52）。

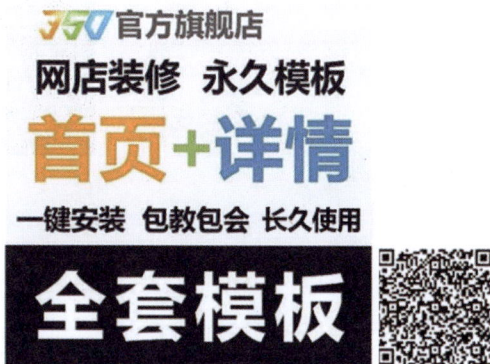

图 7-52　350 模板平台账号开通二维码入口

　　开通账号权限后即可根据店铺的需求选择店铺模板、手机模板、详情页模板及海报模板等进行装修设计了（如果没开通可登录 350 模板试用网址：zx.350.net/509392），使用操作简单，对于不懂装修的卖家非常适用（见图 7-53 和图 7-54）。

图 7-53　350 网店装修服务平台模板市场

　　关于 350 的开通服务以及装修模板流程可以扫描以下二维码进行学习（见图 7-55）。

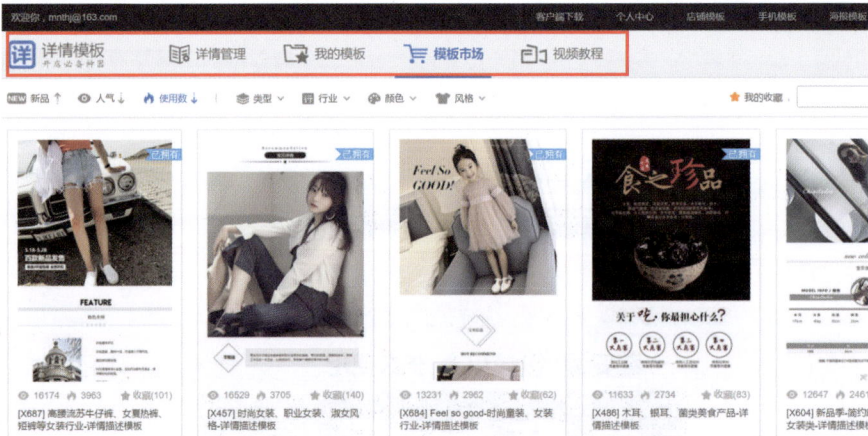

图 7-54　350 详情页模板市场

童老师电商服务平台　　　　视频学习：350 平台模板实用教程

图 7-55　350 网店装修服务平台模板及学习入口

同步实训

实训 1　免费源代码模板装修法

免费源代码模板的下载方法及装修步骤可以扫描二维码进行学习。

免费源代码模板
装修法

免费源代码装修
通屏海报

实训 2　布局并设计一个高转化率的无线店铺首页

实训 3　设计一个店铺聚划算的活动页面

实训 2 和实训 3 请同学们结合本项目学习的知识，针对自己的网店进行装修设计。

项目小结

本项目从无线时代来临后电商的无线呈现角度分析了无线的重要性，通过当下网

上购物的人群定位、购物习惯等网购特点分析了无线店铺的首页、无线端店铺活动页设计时应表达的特点和方法，相对于 PC 端，重点分析了无线端首页的重要性、各模块的使用及需注意的地方，无线端店铺活动页的功能类型及装修流程。

🌸 同步测试

在线测评 7

一、单项选择题

1. 通常情况下，无线端首页设计需遵循的思路是（　　　）。

A. 简洁明了　　　　B. 精美细致　　　　　　C. 表达全面　　　　　D. 高端大气

2. 详情页中的动态图格式是（　　　）。

A. JPG　　　　　　B. PNG　　　　　　　　C. GIF　　　　　　　D. PSD

3. 想剪切出固定大小的图像而不管图像区域应使用（　　　）。

A. 裁切工具　　　　　　　　　　　　B. 选区工具

C. 切片工具　　　　　　　　　　　　D. 快速选择工具

4. 活动海报应包含（　　　）。

A. 店铺促销信息　　　　　　　　　　B. 新品上架信息

C. 主推产品信息　　　　　　　　　　D. 爆卖产品信息

5. 无线端新版店招尺寸为（　　　）。

A. 642 像素 ×200 像素　　　　　　　B. 640 像素 ×360 像素

C. 750 像素 ×254 像素　　　　　　　D. 790 像素 ×200 像素

6. 无线端装修首页用（　　　）模块最便捷。

A. 自定义　　　　　B. 美颜切图　　　　　C. 单图模块　　　　　D. 美图秀秀

7. 无线端轮播模块最多可添加（　　　）张图。

A. 2　　　　　　　　B. 3　　　　　　　　　C. 4　　　　　　　　D. 5

二、多项选择题

1. 一般情况下场景图采用（　　　）形式来激发客户潜在需求。

A. 场景图　　　　　B. 动态图　　　　　　C. 模特图　　　　　　D. 品牌故事图

2. 在详情页中有利的营销工具图包含（　　　）。

A. 商品信息图、参数图　　　　　　　B. 实拍图、展示图

C. 细节图、PK 图　　　　　　　　　D. 好评图

3. 以服装类目为例，设计细节展示环节包括（　　　）。

A. 款式细节　　　　B. 做工细节　　　　　C. 面料细节　　　　　D. 内部细节

4. 无线端店铺页面的特性有（　　　）。

A. 人群特征：女性偏多并且更年轻化，中高端消费者居多

B. 访问时间特征：休闲时间访问，且访问时间碎片化

C. 访问网络：主流网络 3G/4G，访问页面会受网速影响

D. 页面局限性：受屏幕局限，能展现的页面内容少

5. 无线端页面应（　　　　）定位风格。

A. 根据宝贝本身的特性

B. 从主要购买人群的年龄、心理、审美等方面入手

C. 根据产品本身的品牌

D. 根据季节

三、简答题

1. 无线购物的主要访问特点是什么？

2. 无线端店铺首页的主要访问路径及流量动向是什么？

3. 无线端消费者与 PC 端消费者的区别及特点是什么？

4. 无线端店铺首页轮播一般放哪几类信息？

5. 无线端店铺首页装修设计应主要注意什么？

6. 无线端店铺活动页的主要功能是什么？